hänssler

Elisabeth Elliot

Was willst Du von mir?

Freiheit und Gehorsam

Die Deutsche Bibliothek – CIP-Einheitsaufnahme

Elliot, Elisabeth:
Was willst Du von mir? : Freiheit und Gehorsam / Elisabeth
Elliot. [Übers. von Dagmar Fecht]. – Neuhausen-Stuttgart :
Hänssler, 1991
(TELOS-Bücher ; 1607 : TELOS-Hardcover)
Einheitssacht.: Discipline, the glad surrender <dt.>
ISBN 3-7751-1593-5
NE: GT

TELOS-Hardcover
Bestell-Nr. 71.607
© Copyright 1982 by Elisabeth Elliot Gren
Published by Fleming H. Revell Company, Old Tappan, New Jersey
Originaltitel: Discipline, the Glad Surrender
Übersetzt von Dagmar Fecht
© Copyright der deutschen Ausgabe 1991 by Hänssler-Verlag,
Neuhausen-Stuttgart
S. 48 »Der neue Morgen stehet auf« aus: Freudenquell Jesus, Verlag Evangelische
Marienschwesternschaft, Darmstadt
S. 85f aus: Werner de Boor, Die Briefe des Paulus an die Philipper und an die
Kolosser, Wuppertaler Studienbibel, R. Brockhaus Verlag Wuppertal und Zürich
Umschlaggestaltung: Daniel Dolmetsch
Printed in Austria

Strebe nicht danach, das Einfachste
zu wählen, sondern das Schwierigste.
Nimm deiner Seele nicht die
Beweglichkeit, die sie braucht,
um zu Ihm hinaufzusteigen.

Johannes vom Kreuz

Inhalt

Von Gott geschaffen, umsorgt, gerufen

Früh morgens sitze ich am Fenster eines hübschen Ferienhäuschens aus Stein auf einem abgelegenen Berggipfel. Es ist Frühling. Kein Telefon, kein Fernsehapparat, kein Mensch in Sicht- oder Hörweite, nur mein Mann Lars sitzt auf dem Dachboden und liest. Es ist ganz still, nur das Schnattern der Eichhörnchen und das Singen der Vögel ist zu hören. Kardinalvögel, Eichelhäher, ein Rosengimpel, ein wilder Truthahn und eine Haubenmeise, manche lassen sich am Futterhäuschen von uns beobachten oder zeigen sich für ein paar Sekunden, wenn sie durch die dicht belaubten Eichen und knorrigen Zederzypressen huschen, die uns von allen Seiten umgeben.

Aus dem schattigen Hain kommt ein einsames Mutterschaf. Es klettert vorsichtig über die spitzen Steine, knabbert am kärglichen, frischen Gras und kümmert sich nicht um den Nieselregen, den es von seiner öligen Wolle leicht abschütteln kann. Ob es sich verlaufen hat? Wo ist der Rest der Herde? Doch das Schaf scheint nicht beunruhigt. Nach ein paar Minuten ist es hinter dem Hügelkamm verschwunden.

Als nächstes kommt ein kleines Wildschwein zum Vorschein. Es schnuppert am Boden und findet sogar zwischen dem Geröll hier und da einen Leckerbissen. Mir fällt auf, daß es leicht hinkt und den linken, anscheinend geschwollenen Vorderhuf zu entlasten versucht. Plötzlich hebt es seine Knopfnase nach oben und richtet sie wie einen Radarschirm auf das Vogelhäuschen, aus dem der Duft von etwas Eßbarem dringt. Einen Augenblick lang zittert es, schnüffelt aufgeregt und springt in einem eleganten Bogen nach oben, aber bei weitem nicht hoch genug, es erreicht noch nicht einmal das Häuschen. Statt dessen macht es eine schmerzhafte Landung auf dem verletzten Huf und verschwindet ohne einen Laut der Klage im Zick-Zack-Kurs zwischen den Bäumen. Ich wünschte, ich könnte das kranke Bein verbinden, das Tier irgendwie trösten. Leider steht dies nicht in meiner Macht, aber ich habe eine andere Hilfe, die besser ist als jeder Verband. Ich bete für das Tier. »Herr, auch dieses Schwein gehört dir. Bitte heile es.« Vielleicht wurde es deshalb heute morgen vor mein Fenster geführt (normalerweise ist das Wildschwein ein scheues Tier, das sich nur nachts zeigt), damit ich für es bete.

Je mehr man sich dem Wesen der Dinge nähert, desto besser erkennt man die Zusammenhänge. Alles Erschaffene hängt zusammen, denn alles stammt von der gleichen Intelligenz, der gleichen Liebe, dem gleichen Schöpfer ab. Er, der sich das Universum ausgedacht hat, der Herr und allmächtige Gott, ist derjenige, der die Sterne und das Licht erschaffen hat, er sprach das Wort, das Zeit und Raum und jede Art von Materie ins Leben rief: Salz und Steine, Rosen und Rothölzer, Gefieder und Pelze und Flossen und Fische. Die Meise und der Truthahn geben ihm Antwort. Das Schaf, das Schwein und der Fink sind sein, stehen ihm zur Verfügung, gehören ihm, und er kennt sie.

Auch wir sind von ihm erschaffen, wir gehören ihm, und er kennt uns. Wir sind genauso abhängig von ihm wie das Wildschwein. Und wenn ich das Mutterschaf betrachte, wie es sich so gelassen auf den Herrn verläßt und von ihm mit Futter versorgt wird, dann denke ich daran, daß er auch für mich sorgt.

Mein Vater war Hobbyornithologe. Schon als junger Mann interessierte er sich für Vögel, lange bevor das Beobachten von Vögeln zum beliebten Zeitvertreib wurde. Er lief durch die Wälder und imitierte das Rufen und Singen der Vögel, und oft flogen sie herbei und ließen sich auf den Ästen über seinem Kopf nieder. In seinen Diavorträgen erklärte er das Verhalten der Vögel und ahmte auf wunderbare Weise ihre Laute nach. Fast immer zitierte er am Ende seines Vortrags die Zeilen:

> Das Rotkehlchen den Spatz befragt:
> »Weißt du, warum der Mensch sich plagt,
> stets rennt und macht sich große Sorgen

um das Heute, um das Morgen?«
Sagt der Spatz: »Der Grund ist wohl,
daß kein Vater liebevoll
sie umsorgt, so wie wir's kennen,
deshalb müssen sie so rennen.«
(Elisabeth Cheney)

Stimmt es denn, daß wir keinen solchen liebenden Vater haben? Natürlich nicht!

Du hast sie alle weise geordnet, und die Erde ist voll deiner Güter ... Es warten alle auf dich, daß du ihnen Speise gebest zur rechten Zeit. Wenn du ihnen gibst, so sammeln sie ... nimmst du weg ihren Odem, so vergehen sie ... Du sendest aus deinen Odem, so werden sie geschaffen ... (Ps 104,24.27-30)

Alle eure Sorge werft auf ihn; denn er sorgt für euch. (1. Petr 5,7)

Seht die Vögel unter dem Himmel an: sie säen nicht, sie ernten nicht, sie sammeln nicht in die Scheunen; und euer himmlischer Vater ernährt sie doch. Seid ihr denn nicht viel mehr als sie? (Mt 6,26)

Wir sind wieder nach Hause gereist.

Als gestern abend die Sonne unterging, wälzte sich ein dicker Nebel vom Atlantik ins Landesinnere. Ich konnte die verschwommenen Umrisse von Seemöwen erkennen, die unbeirrbar zur gegenüberliegenden Insel flogen, wo sie sich nachts zur Ruhe begeben. Sie werden durch etwas geleitet, was die Wissenschaftler als »Instinkt« bezeichnen, womit sie wahrscheinlich nur ausdrücken, daß sie nicht wissen, was es ist. Ich glaube, daß Gott sie leitet. Sind sich die Möwen dessen bewußt? Wir wissen es nicht. Wir wissen aber, daß es einen großen Unterschied zwischen ihnen und uns gibt.

Wir sagen, jemand ist »frei wie ein Vogel«, aber in Wirklichkeit möchte Gott, daß wir freier sind. Er schuf uns nach *seinem* Bild, das bedeutet, er gab uns Eigenschaften, die die Vögel nicht haben: Verstand, Wille, Entscheidungsfreiheit.

Gott ruft mich. In einem tieferen Sinn als jede andere erdgebundene Kreatur bin ich gerufen. Ich bin auch in einem tieferen Sinne frei, da ich den Ruf mißachten kann. Ich kann mich taub stellen. Ich kann behaupten, daß kein Ruf erfolgt sei. Ich kann leugnen, daß

Gott ruft, ja, daß er überhaupt existiert. Was für eine überraschende Gnade, daß derjenige, der mich schuf, es zuläßt, daß ich seine Existenz leugne! Gott schuf mich mit der Fähigkeit, ungehorsam zu sein, denn die Freiheit zum Gehorsam wäre völlig wertlos ohne die entsprechende Freiheit zum Ungehorsam. Ich kann ja oder nein sagen. Ob ich als Mensch erfüllt bin, hängt von meiner Antwort ab, denn es ist ein liebender Herr, der mich durch den Nebel der Welt auf eine Insel des Friedens ruft. Wenn ich ihm vertraue, gehorche ich ihm gerne.

Disziplin – unsere Antwort auf Gottes Ruf

Keine Geschichte der Bibel hat mich als Kind so sehr faszi-
niert wie die von Eli und dem kleinen Samuel. Sie geschah
in einer Zeit, da war des Herrn Wort selten, und es gab kaum noch
Offenbarung ... Samuel hatte den Herrn noch nicht erkannt, und des
Herrn Wort war ihm noch nicht offenbart« (1. Sam 3,1.7). Der Junge
schlief allein im Tempel in der Nähe der Bundeslade, als er, wie er
glaubte, Elis Stimme hörte, die seinen Namen rief. Dreimal lief er
gehorsam zu seinem Meister, und dreimal erwiderte Eli, daß er ihn
nicht gerufen habe. Schließlich merkte der Prophet, daß es der
Herr war, und sagte dem Jungen, was er das nächste Mal antworten
sollte.

> »Da kam der Herr und trat herzu und rief wie vorher: Samuel,
> Samuel! Und Samuel sprach: Rede, denn dein Knecht hört« (1. Sam
> 3,10).

Als kleines Mädchen glaubte ich, wenn Gott den kleinen Samuel
so rufen konnte, dann würde er es auch bei mir tun. Oft sagte ich
zu Gott: »Rede, Herr!« und hoffte, er würde kommen und vor mir
stehen wie bei Samuel. Natürlich hoffte ich auf eine hörbare Stimme,
ein Licht im Zimmer oder auf die Hand Jesu, die sich spürbar auf
meine legte. So antwortete der Herr mir nicht, aber sein Wort erging
trotzdem in tausendfältiger Weise an mich. In aller Treue unterwie-
sen mich zunächst meine Eltern, im Laufe der Jahre lernte ich die
Bibel immer besser kennen, und so reihte sich ein Vers an den
anderen, ein Gebot an das andere.

In den berühmten Lebensbildern der Bibel spürt man immer
etwas davon, daß Gott einem Menschen begegnet – Gott kennt und
ruft den Menschen, und der Mensch kennt Gott und antwortet ihm.

Gott segnete Adam und Eva und übertrug ihnen sofort eine Verantwortung, nämlich fruchtbar zu sein und über alles auf der Erde zu herrschen. Es gab mehrere Begegnungen zwischen Gott und Adam, ehe er und Eva ungehorsam wurden. Und obwohl es Evas Idee war, die Frucht zu essen, wurde Adam zur Rechenschaft gezogen; »Wo bist du?« »Hast du gegessen?« »Was hast du getan?« Gott verlangte eine Antwort, denn er hatte ein Geschöpf erschaffen, das ihm verantwortlich war.

Gott vertraute Noah seinen Plan an, die Erde zu vernichten. Er ließ Noah wissen, wie er und seine Familie dem Gericht entgehen könnten durch Gehorsam. »Aber mit dir will ich meinen Bund aufrichten ... Und Noah tat alles, was ihm Gott gebot« (1. Mose 6,18.22).

Abraham wurde zum »Vater vieler Völker« erwählt. Ihm wurde absoluter Gehorsam abverlangt, Gehorsam, der einem 75jährigen Mann große Opfer auferlegte: Er mußte sich von allem trennen, was ihm vertraut war; er wurde aus seiner gewohnten Umgebung gerissen, mußte seinen Besitz und materielle Sicherheit aufgeben. Aber Abraham – »zog aus, wie der Herr zu ihm gesagt hatte ...« (1. Mose 12,4).

Auch Mose war gehorsam. Er zweifelte nicht im geringsten daran, daß Gott ihn rief, als eine Stimme (vielleicht die erste Stimme, die er seit langem hörte, denn er war weit draußen in der Wüste und hütete Schafe) aus einem brennenden Busch seinen Namen rief. Mose erwiderte: »Ja, hier bin ich.«

Im Leben von Samuel, David, Jeremia, Matthäus, Paulus und vielen anderen Gestalten der Bibel wird klar, daß sie sich erkannt fühlten und wußten, daß Gott sie in Besitz nahm. Sie wußten, daß Gott sie rief und etwas mit ihnen vorhatte. Sie gehörten nicht zu denen, die sich ständig fragten: »Gebraucht mich Gott?« oder »Wie kann ich ein bedeutender Diener Gottes werden?« Auch fragten sie nicht danach, wie sie berühmt oder erfolgreich werden könnten. Wie ihre eigenen Pläne auch ausgesehen haben mögen, Gottes Pläne hatten Vorrang.

Als Kind christlicher Eltern wußte ich anfangs nicht, was das Wort »Disziplin« bedeutet. Ich wußte nur, daß ich zu Menschen gehörte, die mich liebten und für mich sorgten. Das ist Abhängigkeit. Sie redeten mit mir, und ich antwortete. Das ist Verantwortung. Sie gaben mir Dinge zu tun, und ich tat sie. Das ist Gehorsam. All das zusammen ergibt Disziplin. Oder anders ausgedrückt, Disziplin ist das verantwortliche Handeln des Gläubigen in gehorsamer Abhängigkeit von Gott. Auch wenn die beiden Worte »Disziplin« und »Gehorsam« manchmal austauschbar sind, verstehe ich ersteres als den übergeordneten Begriff, der Gehorsam mit einschließt, und ich setze bei beiden sowohl Abhängigkeit als auch Verantwortung voraus. Man könnte auch sagen, Disziplin ist der »Beruf« eines Jüngers Jesu und bestimmt seinen Lebensstil. »Gehorsam« dagegen bezieht sich auf eine bestimmte Handlung.

Disziplin ist die Antwort eines Gläubigen auf Gottes Ruf. Disziplin bedeutet nicht, daß alle meine Probleme gelöst oder alle meine Bedürfnisse befriedigt werden, sondern daß ich Gottes Herrschaft über mich anerkenne. Gott spricht mich an. Ich bin verantwortlich, d. h., ich muß ihm eine Antwort geben. Entweder sage ich ja und erfülle damit den herrlichen Plan des Schöpfers für mein Leben, oder ich sage nein und zerstöre diesen Plan. Das ist meine moralische Verantwortung. Gott ruft mich zu einem Leben in Freiheit, Erfüllung und Freude, aber das kann ich ablehnen. Die Wahrheit über den freien Willen des Menschen und Gottes Souveränität ist ein großes Geheimnis, verborgen in Gottes Plan für den Menschen noch vor Grundlegung der Welt. Soviel wissen wir: Es gefiel dem souveränen Gott, einen Menschen zu schaffen, der seine eigene Freiheit hat und deshalb auf Gottes Ruf antworten kann.

Jesus entsprach dem Willen des Vaters, als er uns zeigte, was es bedeutet, ganz Mensch zu sein, indem er menschliche Gestalt annahm und damit freiwillig und gerne Abhängigkeit und Gehorsam wählte. Mensch zu sein bedeutet für uns wie für Christus sowohl Abhängigkeit als auch Gehorsam.

Die Weigerung vieler Frauen und Männer, ihren Zustand hilfloser Abhängigkeit anzuerkennen, verletzt ihre »Geschöpflichkeit«. Auch die Gehorsamsverweigerung Gott gegenüber verletzt unsere Menschlichkeit. Beide sind geistliche Unabhängigkeitserklärungen und dem Wesen nach atheistisch. In beiden Fällen heißt die Antwort auf Gottes Ruf »nein«.

Das schöne Weihnachtslied von Martin Luther drückt aus, was Jesus im Gehorsam zum Vater für uns getan hat:

Gelobet seist du, Jesu Christ,
daß du Mensch geworden bist
von einer Jungfrau, das ist wahr;
des freuet sich der Engel Schar. Kyrieleis.

Des ewgen Vaters einig Kind
jetzt man in der Krippe findt;
in unser armes Fleisch und Blut
verkleidet sich das ewig Gut. Kyrieleis.

Der Sohn des Vaters, Gott von Art,
ein Gast in der Welt hie ward
und führt uns aus dem Jammertal,
er macht uns Erben in seim Saal. Kyrieleis.

Er ist auf Erden kommen arm,
daß er unser sich erbarm
und in dem Himmel mache reich
und seinen lieben Engeln gleich. Kyrieleis.

Das hat er alles uns getan,
sein groß Lieb zu zeigen an.
Des freu sich alle Christenheit
und dank ihm des in Ewigkeit. Kyrieleis.

Disziplin bedeutet, Gottes Ruf von ganzem Herzen mit einem Ja zu beantworten. Wenn ich mich von Gott gerufen, beauftragt, angesprochen, ergriffen und erkannt weiß, wenn ich weiß, daß er mit mir etwas vorhat, dann habe ich die Stimme des Meisters gehört. Dann stelle ich mich ihm gerne, ganz und für immer, zur Verfügung, und zu allem, was er sagt, ist meine Antwort »Ja«.

Woran erkennen wir unsere Berufung?

So wie die Erde durch die Schwerkraft gezogen und gehalten wird, werde ich durch den Ruf Christi gezogen und gehalten. Es ist hilfreich, sich daran zu erinnern, daß die Gravitation den gleichen Wortstamm hat wie die Gravität, was »Würde« oder »Ernsthaftigkeit« bedeutet. Die Schwerkraft zieht die Dinge zum Zentrum. Wenn ich auf sie reagiere und mich im Einklang mit ihr bewege, bin ich nicht länger ohne Gewicht. Ich bin ernst, »schwer«, »würdevoll«. Diese Tatsache trifft auf die geistliche wie auf die physikalische Welt zu. Im Weltraum befinden sich die Astronauten in der mißlichen Lage, keinen Bezugspunkt, keine Kraft zu haben, die sie zum Zentrum zieht. Ohne die Schwerkraft müssen sie zur Verrichtung einfacher Dinge oft sehr viel mehr Mühe aufwenden, z.B. beim Einschenken eines Glases Wasser, beim Essen eines Spiegeleis oder Drehen eines Schraubenziehers. Das Wasser fließt nicht nach unten, das Ei bleibt nicht auf der Gabel, und der Schraubenzieher dreht sich nicht. Statt dessen drehen sich die Astronauten. Wo die geistliche Schwerkraft fehlt, d.h., eine Kraft, die uns zum Zentrum zieht, herrscht geistliche Gewichtslosigkeit. Wir lassen uns von Gefühlen treiben, die uns da hintragen, wo wir nie hinwollten; wir sprudeln über mit emotionalen Erlebnissen, die wir oft für geistlich halten; und wir sind stolz und aufgeblasen. Statt Ernsthaftigkeit praktizieren wir Dummheit, statt »Schwere« Leichtfertigkeit. Sentimentalität ersetzt Theologie. Unser Bezugspunkt wird uns nicht helfen, die Füße auf festem Boden zu halten, denn solange wir Gottes Ruf nicht hören, sind nur wir selbst unser Bezugspunkt. Wir sind einfach nicht imstande, oben von unten zu unterscheiden. Paulus nennt die Menschen unverständig, die »sich nur an sich selbst messen und mit sich selbst vergleichen...« (2. Kor 10,12).

Woher wissen wir, daß wir berufen sind? Diese Frage wird immer wieder gestellt, und die Antworten darauf sind sehr unterschiedlich und verwirrend. Das Neue Testament spricht viel von der Berufung eines Christen:

> ...zu denen auch ihr gehört, die ihr berufen seid von Jesus Christus.(Röm 1,6)

> ...durch den ihr berufen seid zur Gemeinschaft seines Sohnes Jesus Christus, unseres Herrn. (1.Kor 1,9)

> Ihr aber, liebe Brüder, seid zur Freiheit berufen. (Gal 5,13)

> ...daß ihr der Berufung würdig lebt, mit der ihr berufen seid...(Eph 4,1)

> Und der Friede Christi, zu dem auch ihr berufen seid...(Kol 3,15)

Was waren das für Leute, an die Paulus diese Worte richtete? Waren sie etwas Besonderes und vielleicht durch besondere Gaben oder Vollkommenheit ausgezeichnet? – Wir wissen, daß es ganz gewöhnliche Menschen waren, die vor ihrer Bekehrung alle möglichen Sünden begangen hatten. Wie konnte sich Paulus ihrer Berufung so sicher sein? – Aufgrund ihres Gehorsams! Gewißheit kommt durch Gehorsam. Nur wenn wir handeln, können wir Gottes Ruf erkennen. Die Einladung gilt:

> Kommt her zu mir, alle, die ihr mühselig und beladen seid; ich will euch erquicken. Nehmt auf euch mein Joch und lernt von mir; denn

> ich bin sanftmütig und von Herzen demütig...(Mt 11,28-29)

> Wen da dürstet, der komme zu mir und trinke! (Joh 7,37)

Diesen Ruf hat Jesus sowohl an gewöhnliche Menschen als auch an seine Jünger gerichtet. Jeder, der wollte, konnte kommen, wenn er die Bedingungen akzeptierte: »Will mir jemand nachfolgen, der verleugne sich selbst und nehme sein Kreuz auf sich und folge mir« (Mt 16,24).

Wir brauchen nie zu fragen: »Woher weiß ich, daß der Ruf mir gilt?«, sondern: Woher weiß ich, daß er mir nicht gilt?« Jesus möchte, daß wir es mit ihm wagen, Gott zu vertrauen, und einen

Anfang mit ihm machen. Diesen Schritt hat Jesus immer von denen verlangt, die sich Hilfe von ihm erhofften. Manchmal forderte er sie auf, ihren Zustand zu beschreiben (»Was willst du, daß ich tun soll?«) oder ihren Wunsch zu bestätigen (»Willst du geheilt werden?«) oder etwas Positives zu tun (»Strecke deine Hand aus«), ehe er mit seinem Werk beginnen konnte. Der Glaube mußte erkennbar sein, die Betroffenen mußten einen ersten Schritt tun. Dem ersten »Baby-Glaubensschritt« folgt ein tägliches Einüben im Gehorsam, und wenn wir im Gebet und Bibellesen Gemeinschaft mit Jesu Wort pflegen, werden wir unserer Berufung gewiß und brauchen nichts zu fürchten. Ich glaube, daß die am häufigsten erfahrene Angst eines wahren Jüngers in dem Gefühl liegt, unwürdig zu sein. Doch selbst als Paulus an die Korinther schrieb, in deren Gemeinde zum Teil große Unordnung herrschte, zweifelte er nicht an ihrer Berufung, denn sie waren bereit, das Wort Gottes zu hören und sich führen und korrigieren zu lassen. Nicht ihr vollkommener Glaube überzeugte Paulus von ihrer Berufung. Aber sie hatten einen Anfang gemacht, und in diesem Anfang erkannte Paulus ihren Glauben: »Solches Vertrauen aber haben wir durch Christus zu Gott. Nicht daß wir tüchtig sind von uns selber, uns etwas zuzurechnen als von uns selber; sondern daß wir tüchtig sind, ist von Gott« (2. Kor 3,4f).

Junge Menschen sagen manchmal zu mir. »Wenn der Herr mich zum Missionar beruft, sterbe ich!« oder ähnliches.

»Prima!« erwidere ich dann. »Das ist der beste Anfang. Du wirst auf dem Missionsfeld nicht zu viel nütze sein, wenn du nicht vorher ›stirbst‹.« Jüngerschaft beginnt mit »Sterben«, und wer den ersten Schritt tut, wird sehr wahrscheinlich entdecken, daß der Ruf tatsächlich ihm gilt.

Bei der Berufung zu einem bestimmten Dienst spielen unsere eigenen Wünsche und Überzeugungen natürlich auch eine Rolle. Oft hat jemand eine natürliche Begabung, oder sein Interesse wurde durch Information geweckt, oder er spürt eine unerklärliche Sehnsucht in sich. Wenn wir diese Gefühle, die auch täuschen können, an Jesus abgeben und sie der Prüfung seines Wortes unterziehen, werden sie auf unterschiedliche Weise bestätigt und damit zur Überzeugung. Manchmal ist auch die Überzeugung zuerst da und wird nicht von dem Wunsch, sondern eher von Angst und Schrekken begleitet. Den Propheten des Alten Testaments ging es so, denn manchmal wurden ihnen sehr schwere Aufträge erteilt. Da kann man nur noch aufstehen und sich auf den Weg machen.

In einem Märchen von C.S. Lewis, »Wiedersehen in Narnia«, findet das Mädchen Lucy, nachdem sie sich mit ihren Geschwistern verlaufen hat, endlich den großen Löwen Aslan, der hell im Mondlicht leuchtet. Bei einer anderen Gelegenheit war Aslan ihren Geschwistern unsichtbar geblieben, und Lucy ist sich sicher, daß sie ihr auch diesmal nicht glauben werden, daß sie Aslan tatsächlich sehen kann.

> »Hör zu, Kind«, sagte Aslan... »Ich werde hier warten. Geh und weck die anderen auf und sag ihnen, daß sie mir folgen sollen. Wenn sie nicht wollen, mußt du mir alleine folgen.« Es ist furchtbar, vier Leute aufwecken zu müssen, die alle älter sind als man selbst und dazu sehr müde, und ihnen dann etwas zu sagen, was sie wahrscheinlich nicht glauben werden, und sie zu etwas zu bringen, was sie sicherlich nicht mögen werden. »Ich darf nicht darüber nachdenken, ich muß es einfach tun«, dachte Lucy.

Sie tut es, und schließlich folgen ihr die Geschwister. Als sie auf Aslan stoßen, sieht er »so majestätisch aus, daß sie sich freuten, wie sich jemand, der Angst hat, nur freuen kann und so ängstlich, wie jemand, der sich freut, nur Angst haben kann.«

Für Lucy bedeutete ihr Glaube Sehen. Die anderen konnten das zunächst nicht, weil sie nicht wollten. So ist es immer. Nur der Gläubige kann den Ruf hören. Die Berufung liegt außerhalb unserer Person, außerhalb der Gesellschaft, außerhalb der gegenwärtigen Meinungen und Vorurteile, außerhalb unseres Geschmacks und außerhalb des Zeitalters der Rebellion und des Skeptizismus, in dem wir leben. Sie zieht uns in das Zentrum aller Dinge, das Paul Claudel so beschreibt:

> Gott,
> Ursprung, in dem alles beginnt;
> Ziel, in das alles mündet;
> Gegenwart, die alles trägt.

In die Pflicht genommen

Christliche Disziplin bedeutet, sich von Gott in die Pflicht nehmen zu lassen und seine Anweisungen zu befolgen. Christliche Disziplin ist nicht einfach ein Programm zur Verbesserung der eigenen Qualitäten. Zur Zeit scheint es eine große Mode zu sein, sich mit Dingen wie Schnell-Lesen, Weight Watching, Jogging, Zeitplanung, Do-it-yourself-Handwerken im Haus oder mit Methoden zu beschäftigen, wie man Freunde gewinnen kann. Derartige Dinge kommen sehr gut an und dienen hauptsächlich der eigenen Person: Was springt für mich dabei heraus? Kann ich dadurch meinen IQ, mein Aussehen, meine Figur verbessern, meine Leistung steigern, mein Haus oder Bankkonto aufmöbeln? Werde ich dadurch beliebter, attraktiver, ernster genommen, befördert? Wenn das die Ziele sind, hilft es sicher, sie mit der Unterstützung anderer, die das gleiche erreichen wollen, anzustreben. Gesellschaftszwang ist eine große Hilfe, aber letztlich hängt jedes Do-it-yourself-Programm von der eigenen Willenskraft ab, die bei den meisten von uns nicht ausreicht.

Ein Jünger ist jemand, der eine ganz einfache Entscheidung getroffen hat. Jesus lädt uns ein, ihm zu folgen, und der Jünger nimmt die Einladung an. Damit will ich nicht sagen, daß es eine leichte Entscheidung ist. Ich habe gemerkt, daß diese Entscheidung täglich erneuert werden muß. Die Bedingungen ziehen nicht gerade die Massen an. Jesus zählte sie auf:

1. Ein Jünger muß sich selbst verleugnen.
2. Er muß sein Kreuz auf sich nehmen.
3. Er muß Jesus nachfolgen.

Das Ergebnis dieser Entscheidung:
1. Wer sich um seine Sicherheit sorgt, ist verloren,
2. aber wenn sich jemand um Jesu willen verliert, wird er sein wahres Ich finden.

Ein Jünger ist nicht für sich selbst da, um nach Selbstverwirklichung zu streben (was nur ein neuer Ausdruck für das altmodische Wort Egoismus ist). Er verfolgt nicht seine eigenen Ziele, um Freiheit und Glück zu finden. Er gibt sich seinem Meister hin und läßt damit sein Ich zurück. Auch der gewöhnliche Alltag in einer gewöhnlichen Stadt gibt dazu genügend Gelegenheit. Als ich kürzlich einmal mit dem Bus fuhr, sah ich, wie eine Frau das Fenster einen Spalt breit öffnete. Der Bus war überfüllt, und ich war froh, etwas frische Luft zu bekommen. Da wurde das Fenster von einer anderen Frau ärgerlich zugeschlagen.

»Eigentlich ist es doch nicht kalt draußen«, sagte die erste. »Können wir nicht etwas frische Luft hereinlassen?«

»Nicht, wenn es bei mir zieht«, lautete die Antwort. Eine ganz natürliche Reaktion.

Ein Jünger lebt jedoch nach anderen Maßstäben, die dem »normalen Menschen« nicht vertraut sind. Er läßt es zu, daß er sein Leben »verliert«. Das ist der hohe Grundsatz des Kreuzes, das er auf sich nimmt – sein Verlust wird für einen anderen zum Gewinn, seine Trauer für einen anderen zum Trost. Wie leicht verkünden wir unsere Bereitschaft zur Nachfolge und stellen uns dabei irgendein großartiges Werk für Gott vor, sind bereit, alles für ihn zu erleiden, aber wenn wir ein bißchen Zugluft abbekommen, sieht das schnell anders aus.

Als ich auf die Universität ging, war es üblich, jedes Jahr in einem Buch die Unterschriften von allen Freunden zu sammeln. Meistens wurden zu der Unterschrift noch ein paar persönliche Worte gesetzt, und wenn eine Studentin einen Mann, für den sie schwärmte, um seine Unterschrift bat, hoffte sie, er würde noch etwas hinzuschreiben, was seine Gefühle ihr gegenüber erkennen ließ. Jim Elliot unterschrieb in meinem Jahrbuch und fügte nur eine Bibelstelle hinzu: 2. Timotheus 2,4: »Wer in den Krieg zieht, verwickelt sich nicht in Geschäfte des täglichen Lebens, damit er dem gefalle, der ihn angeworben hat.« Die Botschaft war klar und deutlich. Alle Hoffnungen, die ich gehegt haben mochte, alle Gefühle, die Jim vielleicht für mich gehabt, aber zu diesem Zeitpunkt noch nicht ausgedrückt hatte, mußten vor dem Leitprinzip seines Lebens weichen. Da er einem anderen zur Verfügung stand, war er nicht frei, seine Zukunft selbst zu planen.

Jeder »Soldat«, jeder Kandidat für die christliche Schule der Disziplin, sollte sich jeden Tag bei seinem befehlshabenden Offizier zur Stelle melden. »Zu Diensten, Herr.« Mit dem, was der Soldat für den Offizier tut, tut er ihm nicht etwa einen Gefallen. Der Offizier kann alles verlangen. Er verfügt über den Soldaten, so wie es ihm gefällt. Den modernen Menschen erfüllt dieser Gedanke mit Schrecken. »Niemand hat mir zu sagen, was ich tun soll. Niemand hat das Recht, über mich zu verfügen.«

Dieses Denken hat auch die Christen stark geprägt, und wir meinen heute, daß »Jüngerschaft« etwas Besonderes und Zusätzliches sei. Wir glauben, daß es für unser Christsein reicht, zur Kirche zu gehen, nette Lieder über Liebe und Gefühle, Miteinander-Teilen und Lobpreis zu singen, und daß wir keine Entbehrung und Not auf uns nehmen müssen. Wir sagen uns, daß die, die sich besonders um Heiligkeit bemühen, es ja mit der Disziplin versuchen können (»sie hat ihre Berechtigung«), als wenn es sich dabei um einen etwas merkwürdigen oder übertriebenen Lebensstil handelte und nicht um eine Sache, die uns alle angeht.

Wir denken oft, wir könnten uns Christen nennen, ohne Jünger zu sein.

»Ja, ich möchte Christ sein, aber nicht dein Jünger, Herr. Zumindest jetzt noch nicht. Das ist ein bißchen viel verlangt.«

»Ja, ich möchte dein Jünger sein, aber mein Ich aufgeben möchte ich eigentlich nicht.«

»Na gut, dann gebe ich eben mein Ich auf, Herr, wenn du es willst, aber bitte verlange nicht von mir, irgendein Kreuz zu tragen. Damit würde ich mich bestimmt nicht wohl fühlen.«

»Dir nachfolgen, Herr? Äh, natürlich, aber laß mich auch noch ein bißchen mitreden, wohin ich gehe, ja?«

Nichts könnte weiter vom Geist des Evangeliums entfernt sein. Jesus starb genau deshalb, »damit, die da leben, hinfort nicht sich selbst leben, sondern dem, der für sie gestorben und auferstanden ist« (2. Kor 5,15).

Christ sein im neutestamentlichen Sinne bedeutet Jünger sein. Da gibt es nichts zu diskutieren. Wir haben einen Heiland, der uns vergeben und uns von der Strafe der Sünde gerettet hat. Die meisten von uns wären vollauf damit zufrieden. Er starb aber auch, um uns von unseren Sünden zu retten, von denen wir manche sehr gerne haben und uns nur ungern von ihnen trennen. Christus hätte das nicht tun können, wenn er nicht auch Herr über alle Mächte des Bösen wäre. Jesus Christus ist der Retter, weil er der Herr ist. Er ist Herr, weil er der Retter ist. Ich kann nicht von meinen Sünden gerettet werden, wenn ich nicht auch von mir selbst gerettet werde, und deshalb muß Christus der »befehlshabende Offizier« in meinem Leben werden.

Gnade, Bibel, Geist und Glaube

Eine übergewichtige Frau erzählte mir, sie habe jahrelang gebetet, Gott möge ihr doch den Appetit nehmen. Er tat es nicht. Sie nahm immer weiter zu, bis sie sich schließlich nicht mehr ausstehen konnte.

»Herr, warum erhörst du mein Gebet nicht und nimmst mir meinen Appetit?« fragte sie verzweifelt.

»Was bliebe dir denn dann noch zu tun?« fragte Gott zurück.

»Da erkannte ich auf einmal, daß die Verantwortung bei mir lag. Ich hätte keine Verantwortung übernehmen müssen, wenn die Versuchung zu essen nicht existiert hätte. Mir wurde klar, daß Gott es mir nicht so leicht machen würde. Ich mußte anfangen, mir Selbstbeherrschung aufzuerlegen und ihm zu vertrauen, daß er mir bei dieser Entscheidung helfen würde.«

Gott nimmt uns nicht alles ab. Aber er gibt uns die Hilfsmittel, die für ein zuchtvolles Leben nötig sind. Liegt in der Disziplin also die Rettung? Nein, nur Christus ist unser Retter. Das muß uns ganz klar sein. Seit der Zeit der ersten Christen machen Menschen den Fehler, Disziplin und Selbstbeherrschung als Weg zur Rettung mißzuverstehen.

Rettung ist eine Gabe, ausschließlich und bis in alle Ewigkeit eine Gabe. Sie wird uns nur durch Gnade geschenkt. Disziplin bedeutet nicht, daß ich Christus für mich beanspruchen kann, sondern sie ist ein Zeichen dafür, daß er einen Anspruch auf mich hat. Ich »mache« ihn nicht zum Herrn, sondern ich anerkenne seine Herrschaft. Um dies aufrichtig tun zu können, müssen wir hundertprozentig seinen Willen tun wollen, d. h. im Gehorsam seines Wortes leben. Aber selbst das schaffen wir nicht ganz alleine. Drei Dinge helfen uns dabei.

Als Christen leben wir unter der Gnade. Wir werden durch die Gnade in Zucht genommen. *»Denn es ist erschienen die heilsame Gnade Gottes allen Menschen und nimmt uns in Zucht, daß wir absagen dem ungöttlichen Wesen und den weltlichen Begierden und besonnen, gerecht und fromm in dieser Welt leben ...«* (Tit 2,11-12).

Als Christen besitzen wir ein Buch mit Weisungen. Wir werden durch dieses Buch in Zucht genommen. »Denn alle Schrift, von Gott eingegeben, ist nütze zur ... Erziehung in der Gerechtigkeit« (2. Tim 3,16).

Als Christen haben wir den Geist Gottes. Wir werden durch diesen Geist in Zucht genommen. »Denn Gott hat uns nicht gegeben den Geist der Furcht, sondern der ... Zucht« (2. Tim 1,7; Luther '67).

So sieht das also aus: Die Gnade macht es möglich, die Schrift weist den Weg, der Geist inspiriert. Aber es gehört noch etwas dazu. Dem Menschen bleibt auch etwas zu tun, und das ist das Größte, was ein Mensch jemals tun kann. Er muß sein ganzes Vertrauen in den lebendigen Gott setzen. Der Glaube allein ist nötig.

Es gibt eine Art Christsein, das eigentlich nur eine Stimmung ist. Das Maß des Glaubens entspricht dabei immer dem Maß des Gefühls.

»Es ist ein tolles Gefühl, wenn ich mit lieben Geschwistern zusammensein kann«, heißt es dann, und das ist alles, was manche Menschen über den Glauben wissen. Wenn das Gefühl da ist, glauben sie, und wenn das Gefühl nicht da ist, glauben sie nicht.

Jakobus sagt dazu ganz deutlich in seinem Brief:

Was hilft's, liebe Brüder, wenn jemand sagt, er habe Glauben, und hat doch keine Werke? Kann denn der Glaube ihn selig machen? Wenn ein Bruder oder eine Schwester Mangel hätte an Kleidung und an der täglichen Nahrung und jemand unter euch spräche zu ihnen: Geht hin in Frieden, wärmt und sättigt euch!, ihr gäbet ihnen aber nicht, was der Leib nötig hat – was könnte ihnen das helfen? So ist auch der Glaube, wenn er nicht Werke hat, tot in sich selber. Aber es könnte jemand sagen: Du hast Glauben, und ich habe Werke. Zeige mir deinen Glauben ohne die Werke, so will ich dir meinen Glauben zeigen aus meinen Werken. Du glaubst, daß nur einer Gott ist? Du tust recht daran; die Teufel glauben's auch und zittern. Willst du nun einsehen, du törichter Mensch, daß der Glaube ohne Werke nutzlos ist? Ist nicht Abraham, unser Vater, durch Werke gerecht geworden, als er seinen Sohn Isaak auf dem Altar opferte? Da siehst du, daß der Glaube zusammengewirkt hat mit seinen Werken, und durch die Werke ist der Glaube vollkommen geworden. (Jak 2,14-22)

Glaube ist hier weder eine Stimmung noch ein Gefühl, sondern praktischer Gehorsam, wie auch Jesus deutlich zeigt, als er den Aposteln die Verantwortung der Vergebung schonungslos vor Augen führt: sieben Mal, sagte er ihnen, müßten sie an einem Tag dem gleichen Menschen vergeben. Die Jünger fingen langsam an zu begreifen, daß dazu Glaube nötig war und daß sie nicht viel davon besaßen. Stimmung und Gefühl würden ihnen bei der Erfüllung dieses Gebots kaum weiterhelfen. »Herr, stärke unseren Glauben«, baten sie und versuchten damit sehr wahrscheinlich, dem Gehorsam auszuweichen, indem sie zu verstehen gaben, daß dies wohl kaum von ihnen verlangt werden könne, wenn ihnen nicht durch ein besonderes Gnadenwunder Glauben im Überfluß zuteil würde.

Glaube im Überfluß? Aber wozu denn? Jesus sagte ihnen, daß Glaube von der Größe eines Senfkorns schon ausreicht, um einen Maulbeerbaum zu entwurzeln. Um ihren Glauben zu stärken, sollten sie sich an die Arbeit machen und tun, was ihnen aufgetragen war, und »wenn ihr alles getan habt, was euch befohlen ist, so sprecht: Wir sind unnütze Knechte; wir haben getan, was wir zu tun schuldig waren« (Lk 17,10).

Diese Haltung findet man heute nicht sehr oft. Nur ungern erkennen wir die Herrschaft eines anderen über uns an. Wir sehen uns nicht als Menschen, die Jesus bedingungslos zur Verfügung stehen. Wir erwarten Anerkennung. Wir erwarten zumindest ein Dankeschön oder vielleicht ein zustimmendes Schulterklopfen.

»Wenn ich noch Menschen gefällig wäre«, schreibt Paulus, »so wäre ich Christi Knecht nicht« (Gal 1,10). Wir schulden dem, der das Sagen hat, Rechenschaft, und nicht den Zuschauern. Wenn ein Diener dient, tut er nur, was von ihm erwartet wird. Das ist überhaupt nichts Besonderes.

Ein junges Paar, das ich kenne, war gerade frisch verheiratet. Die Frau ging einkaufen, und ihr Mann überlegte sich, was er für sie tun könnte, während sie weg war, um sie zu überraschen und ihr eine Freude zu machen und ihr zu zeigen, wie sehr er sie liebte. Da kam ihm eine brillante Idee. Er ging auf die Knie und schrubbte den Küchenboden. Das war seiner Meinung nach eine anspruchsvolle Aufgabe, und er kam sich dabei sehr demütig vor. Wie überrascht Anne sein würde! Er wartete ungeduldig auf ihre Rückkehr und freute sich darüber, daß er etwas für sie getan hatte.

Sie fuhr die Auffahrt hoch, rauschte in die Küche, stellte die Einkaufstüten auf den Tisch und sah den geschrubbten Boden.

»Oh, der Boden ist sauber. Danke, Schatz!« war alles, was sie dazu äußerte, dann räumte sie ihre Einkäufe weg.

Der Mann erzählte mir, daß er drei Tage lang geschmollt habe. Er war verletzt und beleidigt, er fühlte sich nicht gebührend geschätzt; und die Freude, etwas für Anne getan zu haben, verflog in einem Augenblick, weil er nicht den Dank bekam, den er erwartet hatte.

Anne verstand überhaupt nicht, was los war. Sie wußte nämlich nicht, daß es für ihren Mann etwas völlig Neues war, als Mann für seine Frau den Boden zu schrubben, und sogar freiwillig, und daß er von ganz allein auf diese Idee gekommen war. Er aber wußte nicht, daß in der Familie seiner Frau keine Frau diese Arbeit jemals tat. Ihr Vater hielt das für Männerarbeit, die er ganz selbstverständlich übernahm.

Der junge Ehemann nahm sich die Sache zu Herzen. Er ist heute davon überzeugt, daß es für jeden Christen gut wäre, sich die von Jesus gelehrte Einstellung zu eigen zu machen: »Wir sind unnütze Knechte; wir haben getan, was wir zu tun schuldig waren« (Lk 17,10).

Wir haben eine Aufgabe bekommen. Diese Aufgabe heißt Glauben. Wir wollen uns nichts vormachen, indem wir meinen, etwas zu unserer Rettung beitragen zu können, Gott einen Gefallen zu tun oder für unseren Dienst etwas fordern zu können.

> Denn aus Gnade seid ihr selig geworden durch Glauben, und das nicht aus euch: Gottes Gabe ist es, nicht aus Werken, damit sich nicht jemand rühme. Denn wir sind sein Werk, geschaffen in Christus Jesus zu guten Werken, die Gott zuvor bereitet hat, daß wir darin wandeln sollen. (Eph 2,8-10)

Geschaffen zu guten Werken. So einfach ist das. Das war Gottes Idee. Er hat es so geplant. Er erwartet, daß wir arbeiten, daß wir funktionieren. So wie auch der Erfinder eines Präzisionswerkzeugs, der es allen mechanischen Gesetzen entsprechend entwirft, erwartet, daß das Instrument funktioniert. Es ist keine besondere Ehre für das Werkzeug, wenn es diese Funktion dann tatsächlich auch erfüllt.

Die Souveränität Gottes
und der freie Wille des Menschen

Der Vergleich mit dem Werkzeug hinkt jedoch an einer Stelle. Er veranschaulicht zwar den Willen des Schöpfers und seine absolute Macht über das von ihm Erschaffene, aber er läßt den freien Willen des Menschen außer acht. Im Rahmen dieses Buches ist es nicht möglich, die Frage nach Gottes Souveränität erschöpfend oder auch nur angemessen zu behandeln, selbst wenn ich dazu die geeignete Schriftstellerin wäre. Aber ich bin es nicht. Trotzdem möchte ich einige Punkte herausstellen, die mir geholfen haben, bestimmte Aspekte dieses theologischen Geheimnisses zu erfassen.

Wenn Gott die großen Dinge beherrscht, hat er auch die kleinen Dinge in der Hand. Es ist Unsinn zu behaupten, er habe Winde, Stürme und Meere unter Kontrolle, aber nicht die Kräfte, die sie bewegen, oder er setze dem Meer seine Grenzen und lasse Ebbe und Flut kommen, habe aber nichts mit den einzelnen Wellen, mit den darin schwimmenden Lebewesen oder mit den komplizierten Molekülen und Atomen zu tun, die das Ganze ausmachen.

Kürzlich hörte ich von einem seltsamen kleinen Geschöpf, einer Diatomee oder Kieselalge. Es handelt sich dabei um eine braune, einzellige Alge, die höchstens einen Millimeter Durchmesser hat. Man hat sie die lebensnotwendigste »Pflanze« der Erde genannt, doch da sie schwimmt und gräbt, kann man darüber streiten, ob »Pflanze« die richtige Bezeichnung ist. Die Kieselalgen bieten mehr Nahrung als jedes andere Lebewesen, aber wenn ihr Schöpfer sie nur als Futter gedacht hätte, hätte er sie nicht so phantasievoll zu gestalten brauchen. Es gibt sie in einer unglaublichen Vielfalt von Formen: als Windmühlen, Spiralen, Scheiben, Stöcke, Ellipsen,

Dreiecke und sogar Sterne und Kronleuchter. Viele andere kleine Lebewesen ernähren sich von ihnen, aber auch von Fischen werden sie gefressen. Buckelwale können alle paar Stunden mehrere hundert Milliarden von ihnen verschlingen. Killerwale lieben sie, aber sie müssen fünf Tonnen dieser kleinen Sterne oder Kronleuchter fressen, um ein Pfund zuzunehmen.

Wer hat diese erstaunliche Nahrungskette erfunden?

Albert Einstein schrieb: »In den Gesetzen des Universum manifestiert sich ein Geist, der den menschlichen weit überragt und angesichts dessen wir uns mit unseren bescheidenen Kräften nichtig vorkommen müssen. Es muß eine Kausalität geben. Das Universum kann nicht zufällig funktionieren. Gott macht keine Würfelspiele.«

Gott, der Verursacher aller Dinge, »verursacht, daß wir zu Verursachern werden«.

P.T. Forsyth sagt in »The Principle of Authority«: »Der Eigenwille des Menschen ist Teil von Gottes Vorsehung und von der Notwendigkeit, die seine Liebe empfindet, den Menschen mit der gleichen Freiheit auszustatten, wie er selbst sie besitzt, damit der Mensch in Freiheit auf Gottes Liebe reagieren kann«.

In einer Anekdote wird berichtet, wie ein Prediger eine Weizenfarm suchte. Als er und der Farmer über die schönen Kornwellen blickten, sagte der Prediger: »Wirklich, John, du und Gott, ihr habt da fabelhafte Arbeit geleistet.«

Der Farmer schob seinen Hut in den Nacken, starrte stumm auf das Feld und erwiderte langsam: »Du hättest es sehen sollen, als es Gott noch allein gehört hat.«

Außer der Menschwerdung Christi kenne ich keine bewegendere und demütigendere Wahrheit als die, daß Gott mich zur Teilnahme an seiner Schöpfung ausersehen hat. Das ist die Ordnung des Universums: Jedes Geschöpf hat seinen Platz, und jeder – der Mensch eingeschlossen – trägt zum Ganzen bei. Und doch unterscheidet sich der Mensch von allen anderen Geschaffenen durch die ungeheure Freiheit, die ihm aufgetragen ist. Der Farmer hatte selbst beschlossen, Weizen anzubauen. Das Kornfeld wäre nicht da ohne seine Entscheidung und ohne die gewaltige Arbeit, die er aufbrachte, um dieses leuchtende Getreidefeld hervorzubringen. Es hätte auch nicht existiert, wenn Gott nicht zuerst die Erde geschaffen, den Sonnenschein und den Regen gesandt und den Samen, den John in die Erde pflanzte, zum Leben erweckt hätte.

Wir haben schon gesagt, daß geistliche Disziplin bedeutet, mit ganzem Herzen zur Berufung Gottes ja zu sagen. Nun ist es äußerst wichtig zu verstehen, daß dazu zwei getrennte Willen nötig sind, wobei der eine vom anderen geschaffen und zur Freiheit berufen ist, und daß beide in Übereinstimmung handeln. Wenn wir diese Tatsache außer acht lassen und nur von einem souveränen Willen Gottes ausgehen, vernachlässigen wir unsere Verantwortung und fallen in einen islamischen Fatalismus, der alles dem Allmächtigen überläßt, den man nicht erforschen und ergründen kann. Ignorieren wir aber die Souveränität Gottes und betrachten uns als völlig unabhängig, dann reißen wir die Verantwortung ganz an uns und übergehen Gott, oder anders ausgedrückt, wir machen uns selbst zum Gott. In beiden Fällen tun wir nicht seinen Willen und verlieren deshalb unsere Freude und Freiheit.

Gott hat die Welt so geschaffen, daß sein Handeln und das Handeln des Menschen zusammenwirken. Die Bibel zeigt uns immer wieder einen liebenden und mächtigen Gott, der sich sündiger und schwacher Menschen bedient, um sein Ziel zu erreichen. Er gibt dem Menschen die Würde, frei zu handeln und damit willentlich an Gottes Handeln teilzuhaben.

Als die Israeliten zwischen den Ägyptern und dem Roten Meer »in der Falle saßen«, waren sie verzweifelt. Sie waren wütend auf Mose, der sie in diese mißliche Lage gebracht hatte. Mose versprach ihnen, daß der Herr sie retten würde, wenn sie nur ruhig wären. Er hatte recht. Der Herr rettete sie, aber nicht ohne ihr Zutun, d. h. den handelnden Gehorsam Moses und des Volkes.

»Sage den Israeliten, daß sie weiterziehen« (2. Mose 14,15), gebot Gott. Mose mußte glauben, daß dies Gottes Wille war, und er mußte Gottes Anordnung befolgen. Hätte er gezweifelt, wäre alles verloren gewesen. Mose vertraute Gott, und das Volk vertraute Mose. Auch sie mußten gehorchen.

»Du aber hebe deinen Stab auf und recke deine Hand über das Meer und teile es mitten durch« (2. Mose 14,16), sagte Gott. Mose hat sicherlich gedacht: Meinen *Stab*? Meine *Hand*? *Wozu soll das jetzt gut sein?* Er war gefangen zwischen einer unbesiegbaren Armee und einem unbeweglichen Meer, und er konnte sich nicht vorstellen, wie sein Stab und seine Hand die eine aufhalten oder das andere bewegen könnten. Aber er gehorchte, und Gottes Souveränität trat in Aktion. Ein Wind kam auf und gehorchte Gottes Befehl. Auch das Meer gehorchte, und die Israeliten entkamen und die Ägypter ertranken. Hier sehen wir die souveräne Macht Gottes – über einen Menschen, über ein Volk, über Naturelemente, über einen Feind, hier sehen wir aber auch den Menschen, der in Freiheit handelt.

»Das Ende alles Fleisches ist bei mir beschlossen« (1. Mose 6,13), sagte Gott zu einem Mann namens Noah, der mit ihm ging. »Mache dir einen Kasten von Tannenholz ... mit dir will ich meinen Bund aufrichten ...« (1. Mose 6,14.18). Noah handelte entsprechend. Weil er Gottes Anweisungen befolgte, wurde die Menschheit und alle Tierarten gerettet. Noahs Entschluß zu handeln und sein Glaube gingen Hand in Hand. Hier wird wieder einmal deutlich, daß Glaube wenig mit Gefühl oder religiöser Stimmung zu tun hat. Glaube ist nichts Unbestimmtes. Glaube hört das Wort Gottes und handelt entsprechend. »So ist auch der Glaube, wenn er nicht Werke hat, tot in sich selber« (Jak 2,17).

Zwar sagen wir, daß *Noah* die Arche gebaut und seine Familie und all die Tiere gerettet hat. Von einem geistlichen Standpunkt aus war es jedoch der Glaube, der die Arche gebaut, die Familie gerettet und über die ganze Welt recht behalten hat. Der Glaube hat Noah in Hebräer 11 eingereiht, in die Galerie jener »Glaubenshelden«, die uns zeigen können, wie wirklicher Glaube aussieht. Noah kannte seinen Herrn.

Handelt der Wille des Menschen in Übereinstimmung mit dem Willen Gottes, so ist das Glaube. Handelt der Wille des Menschen jedoch im Gegensatz zu Gottes Willen, so ist das Unglaube.

Gott hätte sich auch entscheiden können, alles allein zu tun, aber statt dessen hat er sich die Welt so ausgedacht, daß Vögel Nester bauen und Eier ausbrüten, Lachse zum Laichen flußaufwärts schwimmen, Regenwürmer die Erde durch ihr Graben mit Sauerstoff versorgen, Bienen Honigwaben bauen und die Menschen ihren Willen einsetzen und arbeiten müssen.

Wir müssen hier den Willen betonen. Wir beten: »Dein Wille geschehe wie im *Himmel* so auf Erden.« Im Himmel wird Gottes Wille immer *willentlich* und *gerne* getan. Willentlicher Gehorsam unterscheidet sich sehr von Zwang. Der Leiter einer Universität bemerkte einmal, daß die glücklichsten Studenten die Musiker und die Sportler waren. »Warum?« wollte ich wissen. »Weil sie diszipliniert sind, und sie haben sich freiwillig dieser Disziplin unterworfen.« Studenten, die in Pflichtvorlesungen sitzen, stehen unter Zwang, und Leute, die vorm Fernseher sitzen, sind »Freiwillige«, aber Sportler und Musiker ordnen sich einem Trainer oder Dirigenten unter, der ihnen sagt, was sie tun sollen. Und sie tun seinen Willen gerne. Es macht ihnen sogar Spaß.

Gott zwingt uns nicht, ihm zu folgen. Er lädt uns dazu ein. Er will, daß wir wollen d. h., er *will unsere freie Entscheidung*, ihn anzunehmen oder abzulehnen. Wenn wir Jünger sein wollen, stellen wir uns wie der Fußballspieler oder der Musiker unter die Leitung eines anderen. Er sagt uns, was wir tun sollen, und indem wir es tun, werden wir erfüllt. Auf andere Weise werden wir diese Erfüllung nicht finden. Es erfüllt uns nicht, wenn wir nur das tun, was wir tun wollen, und das nicht tun, was wir nicht wollen. Das ist zwar die allgemein übliche Vorstellung von Freiheit, aber so funktioniert sie nicht. Freiheit besteht darin, die Regeln einzuhalten. Das führt auch zur Freude. (Wenn wir nur die Freude nicht vergessen würden!) Der Geiger in einem Orchester ordnet sich zuerst seinem Lehrer unter. Er befolgt die von ihm festgelegten Regeln und spielt sein Instrument entsprechend. Dann ordnet er sich der Musik des Komponisten unter und beachtet die Anweisungen zum Tempo, zu den Noten, den Pausen, dem Takt. Schließlich ordnet er sich dem Dirigenten unter. Der Dirigent gibt ihm durch Wort oder Geste zu verstehen, was er will, und der Geiger hält sich daran. Gibt es ein anschaulicheres Bild zum Thema Freiheit als ein voll besetztes Orchester, in dem jeder streicht, dudelt, trommelt, zupft, bläst, schmettert und hämmert, was das Zeug hält, unter der Leitung eines energischen und disziplinierten Mannes, der in jedem Konzert jede

Note jedes Instruments kennt und genau weiß, wie diese Note hervorgezaubert werden muß, damit sie am besten zur Vollendung des ganzen Werkes beiträgt? Vergleichen wir dieses Bild einmal mit anderen Bemühungen, ein bißchen »Glück« zu erhaschen: zum Beispiel ein Jahrmarkt an einem Sonntagnachmittag. Wir stehen Schlange für Zuckerwatte, für die Berg- und Talbahn, für das Freiluftkonzert; wir schlurfen und schubsen uns durch die schwitzende Menge, die Kleinen schreien in ihrem Kinderwagen nach einem Eis, die Größeren wollen noch eine Runde Karussell fahren; erschöpfte Eltern, desinteressierte Teenager, gelangweilte alte Menschen; jeder wird durch die wimmelnde Menge gedrückt, der Lärm ist ohrenbetäubend (Händler, Spielautomaten, dröhnende Musik an allen Ekken), und jeder versucht, sich zu amüsieren. Jeder ist sozusagen »frei« und macht, was er will, und der Erfolg ist Chaos und Disharmonie. Ich muß gestehen, daß mir das erste Bild, in dem niemand seinen Willen durchsetzt, aber doch jeder frei ist, weil er gehorcht, viel besser gefällt.

Es ist eine große Erleichterung, wenn ein anderer die Verantwortung trägt. Er weiß, was er tut, und alles was wir noch zu tun brauchen, ist, den Anweisungen zu folgen. Da begehren wir auch nicht auf, sondern sind froh, daß uns jemand die Richtung angibt. Er weiß mehr als wir, er weiß, wie wir am besten das Ziel erreichen, das uns vor Augen steht, und wir sind davon überzeugt, daß wir mit ihm besser fahren als ohne ihn, daß wir glücklicher sind, wenn wir gehorchen, als wenn wir nicht gehorchen.

Mein Mann und ich hatten einmal eine Einladung des Bischofs von Norwich angenommen und durften deshalb unter der Führung eines jungen Küsters den Turm der Kathedrale von Norwich betreten, zu dem die Öffentlichkeit sonst nicht zugelassen war. Es war ein gutes Gefühl zu wissen, daß jemand die Verantwortung für diese Besichtigung trug. Wir schlossen uns gerne seiner Führung an.

Wir bestiegen den Turm nicht in der Erwartung, bei Wasser und Brot eingekerkert und schließlich enthauptet zu werden. Lars und ich wollten den Hof der Kathedrale sehen sowie die Stadt und die schöne Landschaft von Norfolk. Und ich freute mich darauf, verborgene Orte zu betreten und das Geheimnis versteckter Treppen zu erspüren. Wir wurden nicht enttäuscht.

Gott wird uns nie enttäuschen. Er liebt uns und hat nur ein Ziel für unser Leben: Heiligung – denn in seinem Reich bedeutet Heiligkeit Freude! Hätten Lars und ich den leisesten Verdacht gehegt, der Bischof wollte uns schaden oder der Küster wüßte den Weg nicht, wären wir ihm sicherlich nicht in die dunklen Gänge gefolgt. Wenn wir in der Tiefe unseres Herzens daran zweifeln, daß Gott uns liebt und daß unsere Angelegenheiten bei ihm gut aufgehoben sind, werden wir uns seiner Disziplin bestimmt nicht unterwerfen.

Wir wissen, daß er uns liebt. Der ans Kreuz genagelte Jesus Christus ist ein unwiderlegbarer Beweis dafür. Die Vorstellung, Jesus wäre als »Märtyrer« gestorben, um einen wütenden Gott zu beschwichtigen, trifft die Sache nicht, denn »Gott war in Christus und versöhnte die Welt mit sich selber ...« (2. Kor 5,19).

Die Aussicht vom Turm der Kathedrale läßt sich nicht mit dem vergleichen, was Gott uns bietet. Nur aufgrund der Überzeugung, daß Gott souveräner Herrscher ist und uns liebt, übergeben wir uns ihm bedingungslos, denn wir glauben, daß das, was wir zurücklassen, nichts ist im Vergleich zu dem, was wir erhoffen. Paulus bezeichnete alles, was er jemals erreicht hatte, als »Dreck« (Phil 3,8) im Vergleich zu dem Vorrecht, Christus zu kennen. Der Mann, der einen Acker kauft und darin einen Schatz findet, verkauft, ohne mit der Wimper zu zucken, alles, was er hat, um diesen Acker zu erwerben. So ist das Reich Gottes. Die Aussicht vom Turm war der Mühe wert.

Aber wir wollen noch ein wenig über den Aufstieg selbst nachdenken.

Es gibt Menschen, die Christus nicht aufnehmen wollen. Diejenigen, die es aber möchten, bekommen kein »Sofort-Königreich«, sondern »die Macht, Gottes Kinder zu werden...« (Joh 1,12). Hier finden wir göttliche Souveränität und menschliche Verantwortung in einem Vers zusammengefaßt. Denen, die *wollen*, wird gegeben. Der Vers hat eine ganze Reihe von Bedeutungsebenen, die wir hier gar nicht alle betrachten können. Es heißt nicht, daß Gott die Interessierten sofort zu seinen Kindern macht. Aber er gibt ihnen das Recht, seine Kinder zu werden. Petrus schrieb: » ... die ihr aus Gottes Macht durch den Glauben bewahrt werdet zur Seligkeit ...« (1. Petr 1,5). Im Brief an die Hebräer werden einige Menschen erwähnt, die die Verkündigung gehört hatten: »Aber das Wort der Predigt half jenen nichts, weil sie nicht glaubten, als sie es hörten« (Hebr 4,2). (Und denken wir daran, was wir zu Beginn dieses Kapitels sagten, daß Glaube und Gehorsam eng zusammengehören.) Diese Verse zeigen also, wie dumm es ist, anzunehmen, daß man Christ sein kann, ohne die Mühe der Jüngerschaft auf sich zu nehmen oder daß man in »den Himmel kommen« kann, ohne zum Gehorsam bereit zu sein. Ist es also mein Gehorsam, der mir den Himmel öffnet? Nein. Ist es also doch mein Wille, der zu meiner Errettung führt? Nein. Die Kinder Gottes werden »nicht aus dem Blut noch aus dem Willen des Fleisches noch aus dem Willen eines Mannes, sondern von Gott geboren« (Joh 1,13). »So liegt es nun nicht an jemandes Wollen oder Laufen, sondern an Gottes Erbarmen« (Röm 9,16).

Wenn wir unseren Gehorsam so lange zurückhalten, bis wir die theologischen Tiefen dieses Geheimnisses ergründet haben, werden wir ungehorsam bleiben. Diese Wahrheiten können nur erkannt werden, indem wir sie tun. Das Evangelium zeigt uns viele Menschen, die lieber verstehen als gehorchen wollten. Jesus griff diese Menschen scharf an. Zu denen aber, die an ihn glaubten, sagte er: »Wenn ihr bleiben werdet an meinem Wort, so seid ihr wahrhaftig meine Jünger und werdet die Wahrheit erkennen, und die Wahrheit wird euch frei machen« (Joh 8,31f.).

»An seinem Wort bleiben« bedeutet, so zu leben, wie es uns gezeigt wird. Es bedeutet zu hören und zu handeln.

Ein weiterer Aspekt des »Aufstiegs« ist das Leiden.

Dem Ungläubigen ist das Leiden nur ein Zeichen dafür, daß man Gott nicht trauen kann, daß er uns nicht liebt. Der Gläubige dagegen erkennt darin genau das Gegenteil. »Herr, ich weiß, daß deine Urteile gerecht sind; in deiner Treue hast du mich gedemütigt«, rief der Psalmist (Ps 119,75).

Eine Bibelstelle über die Verfolgung der thessalonischen Christen zeigt deutlich, daß selbst das, was auf menschlicher Ebene

Ungerechtigkeit ist, der Gerechtigkeit Gottes dienen muß, indem es seine Knechte zur Heiligung gelangen läßt. Die Gläubigen in Thessalonich reagierten auf ihre Notlage mit einem beständigen Glauben und noch größerer Liebe. Paulus deutet ihre Bedrängnis als »Anzeichen dafür, daß Gott recht richten wird und ihr gewürdigt werdet des Reiches Gottes, für das ihr auch leidet« (1. Thess 1,5). Dann versichert er ihnen, daß eines Tages ein Ausgleich stattfinden wird. Diejenigen, die sich weigerten, Gott anzuerkennen, würden bestraft und die Gläubigen geehrt werden. Paulus betet für die Thessalonicher »daß unser Gott euch würdig mache der Berufung und vollende alles Wohlgefallen am Guten und das Werk des Glaubens in Kraft« (2. Thess 1,11).

Wir sehen hier klar, wie Gottes souveräner Wille sowohl jetzt als auch in der Zukunft manchmal durch die Gläubigen und Ungläubigen und manchmal trotz ihnen wirkt. Was die Verfolger den Gläubigen antaten, war böse. Trotzdem ertrugen es die Gläubigen um Christi willen und erwiesen sich damit als »würdig des Reiches Gottes«. Er ließ sie nicht los. Nichts konnte sie von seiner Liebe trennen. Seine Souveränität hielt sie fest. Sie ihrerseits waren willig, das Böse zu ertragen und sich für den zu opfern, der sich für sie geopfert hatte. Und schließlich waren auch die Gebete des Paulus ein wesentliches Element in der Erfüllung von Gottes Plan, denn er hat die Welt so geschaffen, daß selbst für seine eigenen Pläne Gebet notwendig ist.

Einige wenige der vielen Bibelstellen über das harmonische Zusammenwirken des göttlichen mit dem menschlichen Willen sind:

> Und Gideon sprach zu Gott: Willst du Israel durch meine Hand erretten, wie du zugesagt hast...(Ri 6,36)
> Auch arbeitete ich an der Mauer...denn sie merkten,daß dies Werk von Gott war.(Neh 5,16; 6,16)

So demütigt euch nun unter die gewaltige Hand Gottes, damit er euch erhöhe zu seiner Zeit. (1. Petr 5,6)

Diese Bibelstellen sprechen von einer Harmonie zwischen dem Willen des Menschen und dem Willen Gottes, aber wir können nicht außer acht lassen, daß Gott auch mächtiger ist als der Wille, der ihm widersteht.

So hörte der König nicht auf das Volk; denn es war so von Gott bestimmt, damit der Herr sein Wort wahr machte. (2.Chr 10,15)

...sie haben sich versammelt..., Herodes und Pontius Pilatus mit den Heiden und den Stämmen Israels, zu tun, was deine Hand und dein Ratschluß zuvor bestimmt hatten, daß es geschehen solle. (Apg 4,27.28)

Ihr gedachtet es böse mit mir zu machen, aber Gott gedachte es gut zu machen... (1. Mose 50,20)

Die unvorstellbarsten Worte in der Schrift sind die, die den souveränen Herrn in der Hand der Menschen zeigen:

Der Menschensohn geht zwar hin, wie von ihm geschrieben steht; weh aber dem Menschen, durch den der Menschensohn verraten wird! Es wäre für diesen Menschen besser, wenn er nie geboren wäre (Mk 14,21).

...diesen Mann (Jesus), der durch Gottes Ratschluß und Vorsehung dahingegeben war, habt ihr durch die Hand der Heiden ans Kreuz geschlagen und umgebracht (Apg 2,23).

Die Bibel erklärt nicht alles so, daß wir intellektuell befriedigt sind, aber sie erklärt alles so, daß wir gehorsam sein und damit zu Gottes Befriedigung dienen können.

Eine junge Frau fragte einmal den bekannten Prediger Charles Spurgeon, ob es möglich sei, die Souveränität Gottes mit der Verantwortung des Menschen zu versöhnen. »Junge Frau«, erwiderte dieser, »Freunde versöhnt man nicht.«

Körperliche Disziplin

In einer Fernsehwerbung springt ein Mann aus dem Bett, rennt die Treppe hinunter, kippt eine Tasse Kaffee in sich hinein, packt Mantel und Aktentasche und stürzt aus der Tür, alles nach dem Motto: »Für einen Mann, der nur ein Ziel im Leben hat, kann der Tag nicht früh genug beginnen.« Der Mann ist Börsenmakler. Er kann nicht warten, bis er ins Büro kommt, um zu erfahren, wie die Aktien stehen, sondern greift hastig zum Küchentelefon und fragt: »Wie haben wir heute in London eröffnet?«

Die Gier nach Geld und Macht bringt Menschen in Bewegung, die sonst keine zehn Pferde rühren könnten. Sie kasteien ihren Leib, indem sie die meiste Zeit ihres Wachseins am Schreibtisch verbringen, zum Ausgleich dann Mammutanstrengungen in der Sporthalle oder auf dem Jogging-Pfad unternehmen, sich von Mini-Frühstücken, opulenten Geschäftsessen und kalorienreichen Abendessen ernähren, nur um in der Welt voranzukommen und eine Zeitlang ihre Vergnügungen zu genießen.

Das Streben nach Heiligung war noch nie eine motivierende Kraft für die breite Masse. Und doch ist es Pflicht für jeden, der das Reich Gottes betreten möchte. »Jagt ... nach ... der Heiligung, ohne die niemand den Herrn sehen wird« (Hebr 12,14). »Denn ihr wißt, welche Gebote wir euch gegeben haben durch den Herrn Jesus« (1. Thess 4,2), schrieb Paulus an die Thessalonicher. »Denn das ist der Wille Gottes, eure Heiligung, daß ihr meidet die Unzucht und ein jeder von euch seine eigene Frau zu gewinnen suche in Heiligkeit und Ehrerbietung, nicht in gieriger Lust wie die Heiden, die von Gott nichts wissen. ... Denn Gott hat uns nicht berufen zur Unreinheit, sondern zur Heiligung« (1. Thess 4,3-5.7).

Für den Christen fängt die Disziplin bei seinem Leib an. Wir besitzen nur diesen einen. Er gehört zu den wichtigsten Gaben, die wir von Gott empfangen haben, um sie ihm wieder hinzugeben. Wenn wir ihn nicht hätten, hätten wir gar nichts. Diesen Leib sollen wir darbringen, als Opfer hingeben, Gott bedingungslos für seine Pläne überlassen. Das ist »vernünftiger Gottesdienst«, sagt Paulus in Römer 12,1. Die Hingabe dieses physischen Körpers aus Blut, Knochen und Gewebe, die als chemische Stoffe zusammen nur ein paar Mark wert sind, wird zur geistlichen Handlung: »... daß ihr eure Leiber hingebt als ein Opfer ... Das sei euer vernünftiger Gottesdienst« (Röm 12,1).

Man könnte diesen Vers auch so übersetzen: Denkt an Gottes Gnade, meine Brüder, und ich flehe euch an, betet ihn an, so wie es denkenden Wesen gebührt (d. h. in »geistlicher Weise«, im Gegensatz zu den Ritualopfern der Juden oder Heiden), indem ihr eure Leiber als heiliges Opfer gebt.

Meiner Ansicht nach ist dieser Punkt einer der häufigsten Ursachen für geistliches Versagen: Wir erkennen nicht, daß unser Leib etwas mit unserem Gottesdienst und einem heiligen Opfer zu tun hat. Mit dem Leib fängt schlicht und einfach alles an. Wer hier versagt, versagt auch anderswo.

»Wer das Angesicht des mächtigsten Ringkämpfers, unseres unendlichen Gottes, sehen möchte«, las ich einmal, »muß zuerst mit sich selbst gerungen haben.«

Nur wer die Verbindung zwischen Leib und Geist ernst nimmt und den Kampf begonnen hat, kann verstehen, wie zutreffend das Wort ringen ist. Gewohnheiten können uns zum Beispiel ganz schön fest im Griff haben. Von diesem Griff müssen wir uns befreien, wenn wir dem Herrn zur Verfügung stehen wollen. Wir können nicht unsere Herzen Gott geben und unsere Leiber für uns behalten.

Was für einen Leib haben wir denn?

Einen sterblichen. Er wird nicht ewig am Leben bleiben. Er wurde am Anfang aus Staub geschaffen und wird nach dem Tod wieder zu Staub. Paulus nannte ihn einen »nichtigen Leib« (Phil 3,21) bzw. »unser alter Mensch« (Röm 6,6) oder einen »toten« Leib »um der Sünde willen« (Röm 8,10). Aber er ist auch ein Tempel bzw. ein Heiligtum für den Heiligen Geist; er ist ein »Glied« am Leib

Christi. Und außerdem ist er, und deshalb sollten wir anders mit ihm umgehen, ganz und gar erlösbar, veränderbar, »auferstehbar«.

Der Leib eines Christen beherbergt nicht nur den Heiligen Geist, sondern auch sein eigenes Herz, seinen Willen, seinen Verstand und seine Gefühle - und all das beeinflußt die Art und Weise, wie wir Gott erkennen und für ihn leben.

In meinem Fall handelt es sich um ein hochgewachsenes »Haus«; es ist angelsächsischer Herkunft, mittleren Alters und weiblich. Ich wurde bei keiner dieser Eigenschaften nach meinen Vorlieben gefragt, aber ich habe die Wahl, wie ich sie einsetzen will. Oder anders ausgedrückt, der Leib wurde mir geschenkt. Ob ich Gott dafür danken und ihm diesen Leib als heiliges Opfer darbringen will, liegt an mir.

Was bedeutet körperliche Disziplin?

Jeder Körper benötigt Nahrung: Nahrung ist für uns, die wir in einer reichen, zivilisierten Gesellschaft leben, eine Frage der Disziplin, der Selbstbeherrschung. Für diejenigen, die keine so reiche Auswahl haben wie wir, ist sie dagegen eine Überlebensfrage und nicht das Haupthindernis auf dem Weg zur Heiligung.

Die Bibel berichtet uns, daß Disziplin im Leben Daniels eine große Rolle spielte. Seine Geschichte beginnt damit, daß er als einer von mehreren jungen Männern aus vornehmen königlichen Familien in Israel auserwählt wird, um am Hof Nebukadnezars, des Königs von Babylon, zu dienen. Das erste, was Daniel von den anderen unterscheidet, ist sein Entschluß, nicht die reichhaltige Speise zu essen, die ihnen das königliche Haus bot, sondern nur Gemüse und Wasser. Er wollte sich nicht verunreinigen. Es muß Gott gewesen sein, der Daniel diesen Gedanken eingab. Es war ganz bestimmt Gott, der den obersten Kämmerer bewog, zu Daniel freundlich und wohlwollend zu sein und ihm seine Bitte zu gewähren. So fing Gott an, einen Mann vorzubereiten, dessen geistliche Beständigkeit später noch auf eine harte Probe gestellt werden sollte.

Christen sollten darauf achten, was sie essen. Ich meine damit nicht nur, daß sie nicht zu viel essen sollten, was natürlich schlecht ist, sondern auch, daß sie nicht das Falsche essen sollten. Zu viele

Süßigkeiten, zu viele Kalorien, zu viele Pommes Frites am Imbiß-
stand. Bezeichnend ist, wie viele Regale im Supermarkt mit Limo-
naden, Süßigkeiten, abgepackten Zwischenmahlzeiten und verschiedenen Riegeln für »den kleinen Hunger zwischendurch« gefüllt sind. Wir können sehr gut ohne diese Dinge auskommen.
Probieren Sie es doch einmal eine Woche lang aus! Sie werden
erstaunt sein, wie abhängig Sie von diesen Dingen sind. Vielleicht
entdecken Sie sogar, daß Sie süchtig sind.

Als Missionarin lebte ich die meiste Zeit in recht abgelegenen
Gebieten des südamerikanischen Dschungels, wo alle Nahrung, die
es gab, »natürlich« war. Wir aßen viel Manioka, ein stärkehaltiges
Knollengewächs, das von den Indianern angebaut wurde und ihre
Lebensgrundlage bildete. Wir aßen Reis, Bohnen, Ananas, Papayas,
Eier und jedes Fleisch, das zu haben war, was nicht oft vorkam. Es
gab keine Fertiggerichte, auf die man hätte zurückgreifen können,
keinen »Happen für zwischendurch«. Von außerhalb wurde uns
Zucker gebracht, den wir zur Zubereitung von Limonade verwen-
deten, sofern es Zitronen gab. Wir importierten auch Hafermehl,
Milchpulver, Salz, Weizenmehl und manchmal Luxusartikel wie
Käse und Schokolade. Unsere Mahlzeiten waren relativ einfach, und
unsere Gesundheit war immer ausgezeichnet. Mir scheint, es tut
durchaus gut, mit weniger auszukommen.

Eine Möglichkeit zu erkennen, wie nachsichtig wir eigentlich mit
uns selbst sind, ist das Fasten. Das Fasten war vom jüdischen Gesetz
vorgeschrieben und wird seit eh und je von Christen praktiziert.

Eine Freundin erzählte mir einmal, wie sie unentwegt an Gottes
Tür gepocht habe, um eine Antwort auf ein bestimmtes Gebet zu
bekommen. Nichts schien zu geschehen. Sie fing an, sich über Gott
zu ärgern, weil er nichts unternahm. Dann schien er leise zu fragen:
»Warum fastest du nicht?«

»Und plötzlich ging mir ein Licht auf«, erzählte sie weiter. »So
viel lag mir nämlich doch nicht daran.«

Eine andere Freundin sagte, daß sie völlig gegen das Fasten sei,
denn es sei nichts als ein Versuch, Gott zu erpressen. »Er weiß, was
ich brauche, und wenn er es mir geben will, kann er das. Dazu
brauche ich nicht plötzlich asketisch zu werden.«

Heute weiß man nur noch wenig über den wahren Zweck des Eremiten- bzw. Einsiedlerdaseins. Zweifellos gab es Einsiedler, die meinten, sich durch eine Selbstkasteiung den Weg zum Himmel erkaufen zu können. Doch der wahre Sinn des Einsiedlertums bestand in der Bereitschaft zu dienen, indem man sich ganz dem Gebet und der Kontemplation hingab. Damals wie heute ist das nicht ohne eine gewisse Opferbereitschaft möglich. Die Eremiten wählten Einsamkeit, Abgeschiedenheit und Fasten. In manchen Kirchen Englands gibt es noch Einsiedlerklausen, Zellen, in denen die Klausner ein Leben lang eingemauert waren. Man gab ihnen ihr Essen, und manchmal sprachen die Menschen mit ihnen durch eine Öffnung in der Mauer; außerdem hatte die Klause noch einen Schlitz, durch den sie die Messe in der Kirche verfolgen konnten. Die Menschen in der Stadt waren froh zu wissen, daß es da jemanden gab, der ununterbrochen betete.

Ich kenne Christen, die regelmäßig fasten. Einen Tag in der Woche, eine Mahlzeit in der Woche, eine Mahlzeit im Monat oder an bestimmten Tagen des Kirchenkalenders. Für andere ist es eine große Hilfe zu fasten, wenn sie ein besonderes Gebetsanliegen haben, eine schwierige Entscheidung, ein neues Projekt oder einen kranken Freund, dem sie helfen wollen.

Als die Jünger in Antiochia fasteten, sagte ihnen Gott, sie sollten Barnabas und Saulus auswählen. »Da fasteten sie und beteten und legten die Hände auf sie und ließen sie ziehen« (Apg 13,3). Sie sandten sie aus, damit sie die Aufgabe tun konnten, zu der Gott sie besonders berufen hatte. In Lystra, Antiochia und Ikonion setzte Paulus Älteste ein, und sie »beteten und fasteten und befahlen sie dem Herrn, an den sie gläubig geworden waren« (Apg 14,23).

Der Bischof John Allen nennt fünf gute Gründe für das Fasten:

1. Es hilft uns, uns mit den Hungernden zu identifizieren, denen wir dienen sollen;
2. es erinnert uns an das Gebet;
3. es macht uns empfangsbereit für Gottes Ruf;
4. es bewegt uns, über die Konsequenzen seines Rufes nachzudenken;
5. es ist ein geheimnisvolles Werkzeug des Heiligen Geistes.

Dies sind nur einige Dinge, die das Fasten bewirkt. Es hat mir allerdings nie geholfen, das Essen zu vergessen, im Gegenteil. Ich denke sogar viel daran. (Vielleicht, weil ich nicht lange genug faste.) Der Tag ist lang, wenn er nicht durch die gewöhnlichen drei Mahlzeiten unterbrochen wird. Man entdeckt erstaunt, wieviel Zeit man doch damit verbringt, die Mahlzeiten zu planen, einzukaufen, zu essen und hinterher wieder aufzuräumen. Unsere gesellschaftliche Einbindung macht das Fasten auch nicht ganz einfach. Jesus sagte, wir sollten nach außen nicht zeigen, daß wir fasten, sondern so gepflegt auftreten wie sonst auch, so daß nur unser Vater, »der im Verborgenen ist«, es sieht. Manchmal ist es aber völlig unmöglich, das Fasten zu verheimlichen. Ich kenne die Mutter einer großen Familie, die einen Tag in der Woche fastet und trotzdem für ihre Familie kocht und sich zu ihr an den Tisch setzt, um eine Tasse gesüßten Tee zu trinken. Ihre Familie ist daran gewöhnt und hat nichts dagegen. In anderen Familien könnte das anders sein. Gott kennt die Umstände des einzelnen und die Herzenseinstellung. In Daniels Fall machte Gott es möglich, daß er sich seinem Wunsch gemäß ernähren konnte.

Fasten wird Ihnen nicht unbedingt helfen, sich zu konzentrieren. Es ist wichtig, sich dann nicht über sich selbst zu ärgern, wenn die Gedanken zu wandern anfangen. Bitten Sie den Herrn, daß er Ihnen hilft, sich auf das Gebet, das Bibellesen und die Bibelbetrachtung zu konzentrieren. Wenn geistlicher Stolz bei Ihnen aufkommen will, bekennen Sie das. Wenn das Telefon klingelt, gehen Sie nur hin, wenn Sie müssen. Wenn Ihre Gedanken zu einer bestimmten Veranstaltung in der nächsten Woche vorauseilen, sprechen Sie mit Gott darüber und geben Sie sie an ihn ab, während Sie zu Ihrem eigentlichen Gebetsanliegen zurückkehren. Seien Sie nicht über Ihre eigene Unfähigkeit, »geistlich« zu sein, schockiert. Die größten Heiligen wußten um ihre Sündhaftigkeit und Schwäche.

Der Dichter Henry Twells drückt das so aus:

Wer ihm am besten dienen will,
merkt schnell, was Schlechtes in ihm steckt.

Versuchen Sie nicht, zu lange in derselben Position zu sitzen oder zu knien. Stehen Sie zum Beten auf, laufen Sie herum, gehen Sie nach draußen und beten Sie beim Gehen. Wenn es nicht möglich ist, laut zu beten, ohne andere auf sich aufmerksam zu machen, beten Sie flüsternd. Das ist für die meisten von uns besser, als nur in Gedanken zu beten, was oft zu Träumereien führt.

In alten jüdischen Zeiten wurde ein widerspenstiger Sohn, der sich der Völlerei und Trunksucht ergeben hatte, zu Tode gesteinigt.

Heute dagegen wird Völlerei, eine der leicht erkennbaren modernen Sünden, im allgemeinen stillschweigend akzeptiert. Man hört wenig von der Kanzel zu diesem Thema. Die Sache ist zu peinlich und betrifft den Lebensstil der Menschen, einschließlich den des Pastors, zu direkt. Niemand, der selbst dick ist, wagt es, darüber zu predigen - er hat kein Recht dazu. Selten wird jemand, der nicht dick ist, den Mut haben, das Thema anzuschneiden, denn dann bekommt er zu hören, er könne ja wohl nicht mitreden, da er selbst nie ein »Gewichtsproblem« gehabt habe. (Woher wollen die anderen das wissen? Vielleicht praktiziert er ja nur, was er predigt.) Wer kann dann überhaupt noch etwas sagen?

Während nur ein sehr geringer Prozentsatz der Betroffenen aus physiologischen Gründen übergewichtig ist, ißt die große Mehrheit einfach zu viel und zu viel Ungesundes. Das ist der ganze Grund. Kalorien, die nicht verbrannt werden, werden als Fett gespeichert.

Jean Nidetch, die Begründerin der »Weight Watchers«, sagte, daß sie erst begann, ihr Problem zu lösen, als sie bereit war, es beim Namen zu nennen: Fett. Überall im Haus brachte sie kleine Schilder an – auf Spiegeln, am Kühlschrank, über dem Waschbecken – FETT, FETT, FETT.

Ich verfaßte einmal einen Artikel über eine Schiffsreise und beschrieb darin eine meiner Mitreisenden als fette Dame. Anscheinend habe ich damit bei vielen einen empfindlichen Nerv getroffen. Ich höre nicht oft etwas von meinen Lesern, aber noch bekomme ich ärgerliche Briefe auf diesen Artikel. Alle diese Briefe stammen von Frauen, und manche betonen ausdrücklich, daß sie selbst nicht dick seien. »Aber«, so schrieb eine, »ich habe einige vollschlanke Freunde.« Im stillen fragte ich mich, ob es den Freunden wohl gefallen würde, »vollschlank« genannt zu werden. Die Bibel beschreibt den moabitischen König Eglon als »sehr fetten Mann« (Ri 3,17). Darf man denn nicht über eine fette Dame sprechen? Wenn wir uns in ihr wiedererkennen und beleidigt sind, ist es höchste Zeit, etwas dagegen zu tun.

Mancher Christ hat unverhofft Kraft vom Herrn empfangen, wenn er ihn in einer sehr realen und sehr schwierigen physischen Not darum gebeten hat. Wenn das Gewicht buchstäblich zur »Last« geworden ist, warum sollten wir sie dann nicht vor den Herrn bringen und ihn um Hilfe bitten? Kann mein Wille mit seinem Willen in diesem Fall nicht genauso zusammenarbeiten wie in geistlichen Dingen? Für manche kann Fasten der Anfang einer Selbstbeherrschung sein, auch wenn sie nicht übergewichtig sind. Andere müssen sich vielleicht für eine Diät entscheiden, was bedeuten kann, ungesundes Essen aufzugeben, um gesünder zu werden, oder Kalorien zu reduzieren, um auf ein normales Gewicht zu kommen.

> »... Oder wißt ihr nicht, ... daß ihr nicht euch selbst gehört? Denn ihr seid teuer erkauft; darum preist Gott mit eurem Leibe« (1. Kor 6, 19-20).

Schlaf ist eine weitere Notwendigkeit. Es erfordert Disziplin, dann zu Bett zu gehen, wenn man sollte, und es erfordert Disziplin aufzustehen. Überprüfen Sie einmal Ihre Gewohnheiten. Seien Sie ehrlich vor Gott, und wenn Ihnen klar ist, daß diese Gewohnheiten nicht im Einklang mit einem disziplinierten Leben stehen, bitten Sie ihn um Hilfe, etwas daran zu ändern.

Mein Vater hatte stets eine Antwort für diejenigen, die nicht verstehen konnten, wie er es nur schaffte, so früh morgens aufzustehen. Er sagte: »Man muß am Abend vorher damit beginnen.«

Mein früherer Bibelschullehrer wurde einmal von einem Freund gefragt, wie um alles in der Welt er »den Sieg errungen« hätte, um vier oder fünf Uhr aufzustehen: »Wie lange hast du dazu gebraucht? Hat jemand mit dir darum gebetet?« wurde er gefragt.

»Nein«, erwiderte er, »ich stehe einfach auf.«

Wir witzeln immer über Nachgiebigkeit uns selbst gegenüber, und finden es lustig, daß es uns morgens nicht gelingt, so rechtzeitig aus dem Bett zu steigen, daß wir ohne Hektik zur Arbeit gelangen.

Ein Kirchenlied von Basilea Schlink sieht das Aufstehen ganz anders:

> Der neue Morgen stehet auf,
> die Sonne nimmt nun ihren Lauf
> über das Rund der Erde,
> die Seele ist vom Schlaf erwacht,
> das Antlitz Jesu sie anlacht,
> zum neuen Tag er rufet!
>
> Der Tag gleichwie ein Ackerfeld
> liegt vor der Seel, die ihn bestellt,
> besäet ihn mit Samen.
> Was Liebe säet, gehet auf,
> und eine Ernte kommt zuhauf
> einst von dem neuen Tage.
>
> O Tag vom Herrn, gegrüßt seist du!
> Du rufst mich auf von meiner Ruh
> zum Wirken, Lieben, Leiden.
> Du kommst und gehst, bist nimmer da,
> doch was in dich geleget war,
> das find ich droben wieder.

Die meisten von uns können ihre Trägheit nicht so leicht abschütteln. Und »gegrüßt seist du« ruft heute auch niemand dem Tag entgegen. Das scheint uns eher unnatürlich. Aber so bereit und fröhlich aufzustehen ist auch noch nie »natürlich« gewesen. Das vergessen wir leicht. Faule Trägheit ist das Natürliche. Sollten wir, anstatt den Liedtext als hoffnungslos altmodisch abzutun, nicht lieber Gott um Hilfe bitten, damit wir dem neuen Tag anders entgegensehen können?

> »... ich bezwinge meinen Leib und zähme ihn« (1. Kor 9,27),

sagte Paulus. Er verglich dabei den Lauf eines Christen mit Sportwettkämpfen, bei denen als Preis ein Kranz gewonnen werden kann. Er erinnerte die Korinther daran, daß es in ihrem geistlichen Wettkampf nicht um einen verwelklichen, sondern um einen »ewigen« unverwelklichen Siegeskranz ginge.

Der Körper braucht sportliche Ertüchtigung. Papst Johannes Paul lobte den Sport als Lektion für das Leben:

Jede Sportart birgt ein wertvolles Erbe in sich, das man sich immer vergegenwärtigen muß, um sich dieser Werte bewußt zu sein. Schulung der Gedanken, Hingabe der eigenen Energien, Erziehung des Willens, Beherrschung der Empfindlichkeit, methodische Vorbereitung, Ausdauer, Widerstand, Ertragen von Müdigkeit und Schmerz, Beherrschung der eigenen Fähigkeiten, Gefühl der Freude, Annahme der Regeln, Geist des Verzichts und der Solidarität, Loyalität, Großzügigkeit gegenüber den Gewinnern, Gelassenheit in der Niederlage, Geduld gegenüber allen - all das sind moralische Werte, die eine wahre Askese erfordern und die grundlegend dazu beitragen, den Menschen und den Christen zu fordern.

Trotz der großen Popularität organisierter und professioneller Spiele wie auch von Tennis und Golf nehme ich an, daß die große Mehrheit der Bevölkerung über 21 keinen Sport treibt oder zumindest nicht regelmäßig.

Jogging und andere Formen intensiven persönlichen Trainings mögen für manche recht nützlich sein. Für andere wären diese Sportarten zu anstrengend. Wichtig ist nur, sich überhaupt irgendwie zu bewegen. Vermeiden Sie zu fahren, wenn Sie laufen können, und laufen Sie schnell. Wenn Sie Treppen steigen können, anstatt den Aufzug zu nehmen, sollten Sie es tun. Wenn Sie Hausarbeit verrichten, sollten Sie sie flink tun. Wenn Sie beruflich einen großen Teil des Tages am Schreibtisch verbringen, werden Sie sich irgend etwas ausdenken müssen, um Ihren Körper in Bewegung zu bringen. Eine gute Erfindung für Menschen, die nur selten die Gelegenheit haben, draußen Sport zu treiben, ist ein kleines Trampolin mit ca. einem Meter Durchmesser, niedrig genug, um es unters Bett zu schieben, wenn man es nicht braucht. Auf diesem Gerät können Sie »joggen«, ohne Gefahr zu laufen, sich das Schienbein zu brechen oder Gelenke zu verletzen. Ein befreundeter Arzt schenkte uns ein solches Trampolin als Hochzeitsgeschenk – vermutlich in der Hoffnung, daß Lars mit Hilfe einer solchen Übung länger leben würde als meine anderen Ehemänner.

Unser uns von Gott geschenkter Leib ist auch ein sexueller Körper, der für den Geschlechtsverkehr ausgestattet ist. Die moderne Werbung erinnert uns immer wieder daran. In Schlagerliedern wird selten etwas anderes besungen. Das Modegeschäft floriert mit körperbetonter und oft auch freizügiger Kleidung. Doch die Tatsache, daß wir sexuelle Wesen sind, berechtigt uns noch lange nicht dazu, diese Sexualität nach Belieben zu benutzen. Wie jede andere Gabe, die wir von Gott erhalten haben, soll die Gabe der Sexualität in den von Gott klar definierten Grenzen – d. h. in der Ehe – eingesetzt werden. Falls die Ehe nicht im Willen Gottes für einen Menschen liegt, dann liegt auch das Ausleben der Sexualität nicht in seinem Willen.

»Aber was soll ich denn dann damit anfangen? Ich habe so viel zu geben – was mache ich damit, wenn niemand da ist, um es zu empfangen?«

Geben Sie es Gott.

> »Ihr könnt aber nicht sagen, daß unser Körper für die Unzucht geschaffen wurde; er wurde für Gott geschaffen, und Gott ist die Antwort auf unsere tiefsten Sehnsüchte« (1. Kor 6,13; nach Young Churches).

Dem Herrn meinen Körper als lebendiges Opfer zu bringen bedeutet, ihm auch meine Sexualität zu bringen, mit allem, was das beinhaltet, auch meine unerfüllten Wünsche.

Heute wird dieser Rat von den meisten verlacht. Sexuelle Selbstbeherrschung wird als Komplex angesehen, von dem sich die wirklich reife Persönlichkeit befreit hat. Und doch gibt es heute noch Menschen (es gibt sie in jedem Zeitalter), die die intime Beziehung zwischen einem Mann und einer Frau für heilig halten und darin die Liebe erkennen, die Christus für seine Braut hat, die Gemeinde. Als solche darf sie nicht entheiligt werden.

Diese Einstellung kann jedoch nur von jemandem durchgehalten werden, dessen Denken ganz unter der Herrschaft Christi steht. Sie ist ein Wunder der Gnade.

Malcolm Muggeridge schreibt in seinem Tagebuch, daß Tolstoi »Tugend und besonders Enthaltsamkeit durch Ausübung seines Willens zu erlangen suchte; Augustinus erkannte, daß es für den Menschen keine Tugend ohne Wunder gäbe. Deshalb führte bei Augustinus die Askese zu Gelassenheit und bei Tolstoi zu Qual,

Konflikt und schließlich zum Zusammenbruch seines Lebens in tragischem Possenreiten.«

Wir dürfen nicht vergessen, daß unser Leib auferstehen wird. Wie John Donne vor langem schon feststellte, ist die Unsterblichkeit der Seele für den natürlichen Verstand des Menschen annehmbar, aber die Auferstehung des Leibes muß Glaubenssache bleiben.

> Wo sind all die Atome des Leibs, zerfressen durch Vernichtung und Verwesung? In welcher Furche oder Höhle der Erde liegt die Asche des Körpers, der vor tausend Jahren verbrannt wurde? In welchem Winkel des Meeres liegt die breiige Masse des Körpers, der in den Fluten unterging? Welcher Zusammenhang, welche Verbundenheit, welche Abhängigkeit besteht zwischen dem Arm, der in Europa und dem Bein, das viele Jahre später in Afrika oder Asien verloren wurde?
>
> Ein Saft unseres toten Körpers bringt Würmer hervor, und diese Würmer saugen alle anderen Säfte ab, so daß alles abstirbt, austrocknet und zu Staub zerfällt, und dieser Staub wird in den Fluß geweht, und das Wasser stürzt in das Meer, das in einem unendlichen Kreislauf von Ebbe und Flut steigt und fällt.
>
> Und doch weiß Gott, in welchem Winkel jede Staubperle liegt und in welchem Teil der Welt jedes Staubkorn jedes Menschen liegt und (wie sein Prophet in einem anderen Fall sagt) ruft nach den Körpern seiner Heiligen, und in einem einzigen Augenblick setzt sich jener Körper, der über alle Elemente verstreut war, in einer glorreichen Auferstehung zur Rechten Gottes!
> (aus: The John Donne Treasury)

Das Wissen, daß mein Körper als »natürlicher Leib« gesät und als »geistlicher Leib« auferstehen wird (1. Kor 15,44), sollte mir als Jünger zu denken geben, sollte mich motivieren, über den Gebrauch meines Körpers in dieser Welt nachzudenken. Obwohl Fleisch und Blut das Reich niemals werden ererben können, sollten wir daran denken, daß die Bestandteile unseres Leibes eines Tages »gerufen« werden, sich zum Herrn zu setzen.

Disziplin des Denkens

In ihrer Biographie über den französischen Erzbischof François de Fénelon (1651-1715) schreibt Katharine Day Little: »Ein einfaches und geregeltes Leben war das Geheimnis seiner Kraft und Leistung, denn seine Genügsamkeit war in Wirklichkeit eine zielgerichtete und rationale Anstrengung und keine verklemmte Selbstkasteiung. Dieses Leben spiegelte die Schönheit eines ordentlichen und reinen Denkens wider, das sich ganz von selbst vom glitzernden Schnickschnack und vom Durcheinander des Unnötigen abwandte.«

Ein einfaches und geregeltes Leben spiegelt ein reines und ordentliches Denken wider. Verworrenes Denken führt zwangsläufig zu einem verworrenen Leben. Ein unordentliches Haus wird gewöhnlich von Leuten bewohnt, deren Denken genauso durcheinander ist und die in ihrem Leben erst einmal aufräumen müßten. Der erste Schritt dazu ist eine Klärung des Denkens. Denken und Leben müssen von dem »Durcheinander des Unnötigen« befreit werden.

»*Seid nüchtern*« (1. Petr 1,13) sagt Petrus, und meint damit, daß wir unser Denken völlig unter Kontrolle haben sollen, um zur Tat bereit zu sein.

Jesus nennt als höchstes Gebot: »Liebe Gott, den Herrn, von ganzem Herzen, aus ganzer Seele und mit deinem ganzen Verstand« (Mt 22,37; Hoffnung für alle).

Wir haben festgestellt, daß wir Gott unseren Leib als Opfer bringen sollen. Das ist unser »vernünftiger« Gottesdienst, d. h., ein Gottesdienst *mit Verstand*. Als nächstes müssen wir unseren Verstand, unser Denken, »erneuern«, unsere ganze Natur »verändern« lassen. Dies können wir nicht von uns aus. Der Heilige Geist muß dieses Werk in uns vollbringen. Aber wir müssen unser Denken für sein Wirken öffnen, es seiner Leitung unterstellen. Wir müssen lernen, über die wesentlichen Dinge nachzudenken anstatt über das, was letztlich doch zu nichts führt. Auch hier sehen wir wieder beides: den souveränen Gott, der in und durch uns wirkt, und die Verantwortung des Jüngers, der sich dem Willen Gottes anpaßt.

»Es gibt keinen Ausweg, den der Mensch nicht beschreiten würde, um der harten Arbeit des Denkens zu entfliehen«, schrieb Joshua Reynolds. Versuchen Sie doch einmal, einen einzigen Gedanken zu Ende zu denken. Wie oft sind Sie abgeschweift? Wie oft haben Sie ihn unterbrochen, um die Zeit mit einem anderen Gedanken zuzubringen, der mit dem ersten nichts zu tun hatte? Wie oft haben Sie sich sozusagen ins Gras fallen und ihre Gedanken mit den Wolken ziehen lassen?

Während ich diese Zeilen schreibe, befinde ich mich in einer Umgebung, die ideal zum Nachdenken ist. Ich sitze in einer norwegischen Hütte an einem Fjord. Soweit ich weiß, ist außer mir kein menschliches Wesen weit und breit, und wenn doch, so könnte ich nicht viel mehr sagen als: *Jeg snakker ikke Norsk* (ich spreche kein Norwegisch). Es gibt kein Telefon, keine Post, kein fließendes Wasser und keinen Strom. Es ist fast wie früher im Dschungel. Welche Umgebung wäre idealer zum Schreiben und Nachdenken?

Und doch stelle ich fest, wie ich über tausend Dinge nachdenke, die mit diesem Kapitel nicht das Geringste zu tun haben. Ich überlege, ob sich das Wetter wohl aufklärt und gehe zum Barometer, um nach dem Luftdruck zu sehen. Dann spaziere ich hinunter zur Anlegestelle, um nachzusehen, ob sich der Nerz, der hier wohnt, wohl wieder am Ufer zeigt. Ich pflücke ein paar wilde Blumen und stelle sie in die Vase – Lars kommt heute noch zurück (er hat ein paar Tage in seiner nahegelegenen Heimatstadt Kristiansand verbracht). Ich lese ein bißchen. Ich streiche mir eine Scheibe Brot mit Erdnußbutter und schäle eine sehr teure Karotte aus Kalifornien. Ich höre die Stimmen von Kindern und gehe hinaus, um mehr zu verstehen. (Es ist so schön, Kinder in einer fremden Sprache sprechen zu hören.)

Noch ehe ich den letzten Abschnitt beendet hatte, hörte ich ein vertrautes Pfeifen. Es war Lars. Er hätte erst in drei Stunden zurückkommen sollen, aber er ist eine willkommene Abwechslung vom Nachdenken, dem schwierigsten Teil des Schreibens. Wir trinken Tee und lesen unsere Post. Dann wetzt Lars die Sense, um Gras zu mähen. Ich gehe zurück an die Schreibmaschine und fange wieder an nachzudenken.

»Keiner soll höher von sich denken, als es angemessen ist. Bleibt bescheiden und sucht das rechte Maß. Gott hat jedem seinen Anteil an den Gaben zugeteilt, die der Glaube schenkt« (Röm 12,3; Gute Nachricht). »*Keiner* soll höher von sich denken ...« – Wissen wir überhaupt, was es heißt zu *denken*?

Auf einer Reise mit Freunden unterhielten wir uns einmal über unseren großen Freund C. S. Lewis, den keiner von uns persönlich gekannt hat.

»Lewis *dachte nach*«, sagte ein Freund. »Es ist erstaunlich, auf was man alles kommen kann, wenn man wirklich nachdenkt!«

Wir stimmten zu. (Wer könnte da anderer Meinung sein?) Dann entstand eine lange Pause. Schließlich sagte die Frau dieses Freundes: »Weißt du, ich glaube, das ist der Haken bei mir. Ich denke nie nach. Zumindest nicht richtig.«

Die meisten von uns haben weder die geistige Fähigkeit von C. S. Lewis noch seine Bildung, aber wir könnten die geistige Disziplin haben, wenn wir es uns »in den Kopf setzen« würden.

»Die Unfähigkeit, die Kraft ruhiger Konzentration zu entwickkeln, ist eine der wichtigsten Ursachen für den geistigen Zusammenbruch«, lehrte der große Physiker William Osler seine Studenten. Er ermahnte sie dringend, Kontrolle über den geistigen Mechanismus des Denkens zu gewinnen, indem sie regelmäßig jeden Tag ein paar Stunden lang ruhige Konzentrationsübungen machten. »Konzentration ist Kunst, die man sich nur langsam aneignen kann. Aber nach und nach gewöhnt sich der Verstand an das langsame Essen und das sorgfältige Verdauen, wodurch man einer »mentalen Verdauungsstörung« entgeht.

Lassen Sie uns einmal den oben zitierten Vers aus dem Römerbrief als erste Denkübung benutzen: »Keiner soll höher von sich denken, als es angemessen ist. Bleibt bescheiden und sucht das rechte Maß. Gott hat jedem seinen Anteil an den Gaben zugeteilt, die der Glaube schenkt« (Röm 12,3; Gute Nachricht). Es geht hier um die rechte Selbsteinschätzung. Verstehen wir unsere persönliche Platzanweisung innerhalb des Leibes Christi? Welche Gaben und Aufgaben wurden uns geschenkt? Manche von uns sagen vielleicht, sie wüßten es nicht. Andere orientieren sich daran, wie sie von ihren Bekannten eingeschätzt werden. Nehmen wir einmal an, wir würden uns eine halbe Stunde Zeit nehmen, um nüchtern darüber nachzudenken, was wir für die Gemeinde tun können und was nicht. Wenn wir am Anfang alle Lebensbereiche Christus unterstellen und ihn bitten, unser Denken zu verändern, und uns dann ganz auf diese Worte im Römerbrief konzentrieren, kommen wir vielleicht zu der überraschenden Erkenntnis, daß wir einerseits unsere Energie für Dinge verschwenden, für die wir nicht geeignet sind oder die der Gemeinde nichts nützen, und daß wir andererseits Dinge unterlassen, die wir tun sollten und die uns der Geist Gottes offenbart, wenn wir unser Denken auf ihn ausrichten.

Die östliche Kunst der Meditation ist meiner Ansicht nach nicht mit der christlichen Meditation zu vergleichen, aber eines könnten wir vielleicht doch davon lernen: die Annahme einer bestimmten Körperhaltung. Ich empfehle keine bestimmte, aber jede Haltung, in der wir sowohl ruhig als auch wach sein können, ist gut. Das Schließen der Augen wird im allgemeinen als hilfreich für das Beten angesehen, weil dadurch einige der möglichen Ablenkungen von vornherein ausgeblendet werden.

Versuchen Sie nicht, »an nichts zu denken«. »Richtet eure Gedanken nach oben« (Kol 3,2; Gute Nachricht), sagt Paulus, und nicht: »Macht eure Gedanken leer«. Richten Sie Ihre Gedanken auf Christus und nicht auf irdische Dinge. Wir können uns auch einen Satz aus Gottes Wort vornehmen und ihn leise wiederholen und darum bitten, daß uns der »Geist der Weisheit und der Offenbarung, ihn zu erkennen« (Eph 1,17) gegeben werde. Heute morgen meditierte ich über eine Stelle im ersten Kapitel des Epheserbriefes, über die überwältigend große Kraft, »mit der er in uns, den Glaubenden, wirkt« (Eph 1,19; Gute Nachricht).

Es ist für mich eine Hilfe, den Tag mit dem Wort Gottes zu beginnen und zu erwarten, daß Gott mich leitet und meine Gedanken lenkt und weiterführt. Natürlich brauche ich auch Zeiten, in denen ich auf das höre, was er mir sagt.

Menschen, die mit Alkoholikern arbeiten, geben ihnen manchmal den Rat, nicht nachzudenken. Das kann in bestimmten Situationen richtig sein. Ich weiß sehr wohl, wenn auch nicht im Zusammenhang mit Alkoholkranken, daß man auch über Dinge nachbrüten kann, die einem nicht weiterhelfen. Manchmal wälze ich in den Morgenstunden, lange bevor der Wecker klingelt, eine bestimmte Sache in Gedanken immer wieder hin und her. Diese frühen Stunden sind aber gar nicht geeignet, um über etwas nachzudenken. Erstens ist es eine Zeit, in der man schlafen sollte, und zweitens kann ich zu so früher Stunde ohnehin noch nichts unternehmen. Sicherlich wird der ein oder andere Leser jetzt einwenden: »Aber um zwei Uhr früh bin ich am kreativsten! Ich schreibe Gedichte, denke mir Mahlzeiten aus, bereite eine Vorlesung vor, treffe Entscheidungen.« Dagegen sage ich gar nichts.

Das Nachdenken, das ich meine, hat etwas Zerstörerisches an sich: es ist ein Grübeln, das Ängste produziert, das sich um den neuen Tag in einer Art und Weise sorgt, wie Jesus es verbietet, oder, und das ist die tödlichste Art des Denkens, das über schlechten Erinnerungen brütet. Ein Alkoholiker bekommt in dem Augenblick Probleme, wenn er den Gedanken an Alkohol zuläßt. Manchmal ist es eine Gefahr für ihn, überhaupt nachzudenken, da jeder Gedanke zwangsläufig zum Nachdenken über Alkohol führt, so daß er am besten daran tut, aufzustehen und statt zu denken etwas zu tun.

Die Veränderung des Denkens führt zu einer veränderten Sicht der Wirklichkeit. Die Dinge, die die Welt »wirklich« nennt, werden an Klarheit verlieren, und das, was die Welt »unwirklich« oder »unwahr« nennt, wird an Klarheit und Macht gewinnen.

Bei der Lektüre von Biographien wie der des Apostels Johannes oder des Franz von Assisi oder des François de Fénelon wird der nicht erneuerte Verstand sagen: »Diesen Menschen kann es in Wirklichkeit so nicht gegeben haben« und dabei vergessen, daß ein geheiligtes Leben etwas sehr Reales ist. Ein geheiligter Lebensstil ist sogar viel realistischer, menschlicher und näher an der Absicht Gottes für unser Leben als eine ungeheiligte Lebensführung.

Was die Welt als real ansieht, ist die eine Sache; was für das klarere Auge des Glaubens real ist, die andere. Der sogenannte Realismus in der Literatur behandelt das Böse in der Regel so, als wenn es die einzige Realität und das Gute nur eine Einbildung sei. Er konzentriert sich auf die Mülltonne und das Außenklo im Garten und übersieht den Rosenstrauch im Vorgarten, der sicherlich genauso real ist. Oft sind die schlechten Charaktere eines Romans glaubwürdiger als die guten. In »Das verlorene Paradies« von Milton ist Satan der am besten gezeichnete Charakter, schreibt C. S. Lewis und erklärt diese Tatsache so:

Der Himmel versteht die Hölle, aber die Hölle versteht den Himmel nicht. ... Um uns in einen schlechten Charakter zu verwandeln, müssen wir nur mit etwas aufhören, das uns schon lange zu anstrengend war; um uns jedoch in einen guten Charakter zu verwandeln, müssen wir etwas tun, was wir nicht können und etwas werden, was wir nicht sind. (aus: C. S. Lewis, A Preface to Paradise lost)

Christus fordert uns auf, genau das zu tun (was wir nicht können) und zu sein (was wir nicht sind). Er fordert uns auf, über das Wasser zu gehen. Petrus schaffte es, aber nur einige wenige Schritte, nur in den Sekunden, in denen sein Blick an Christus hing und sein Denken sozusagen »nach oben« gerichtet war. Sobald er sich aber umsah, sank er.

Die Fähigkeit, Christus mehr Realität als dem Sturm zuzumessen, der Liebe mehr Realität als dem Haß, der Bescheidenheit mehr Realität als dem Stolz, der Langmut mehr Realität als dem Ärger und der Heiligkeit mehr Realität als der Sünde, ist nichts weniger als eine veränderte Sicht der Wirklichkeit.

Der Apostel Johannes, Franz von Assisi und François Fénelon waren Männer, die ein wirklich geheiligtes Leben führten und sich ihrer eigenen Sünde zutiefst bewußt waren.

»Wenn wir sagen, wir haben keine Sünde, so betrügen wir uns selbst, und die Wahrheit ist nicht in uns« (1. Joh 1,8), schrieb der Apostel Johannes.

Der junge Franz von Assisi verbrachte Stunden des qualvollen Gebets in einer Grotte nahe seiner Heimatstadt, um seine Sünden zu bekennen und zu beweinen. Sein Gesicht war vom Schmerz gezeichnet, bis er eines Tages in Frieden aus seiner Grotte kam, weil er wußte, daß Gott ihm vergeben hatte.

Fénelon schrieb 1690 an eine Dame: » Wir staunen über unsere frühere Blindheit, wenn wir jetzt sehen, wie aus den Tiefen unseres Herzens ein ganzer Schwarm schändlicher Gefühle kriecht wie schmutzige Reptilien aus einer verborgenen Höhle.«

Der Mensch, der seine eigene Not am realistischsten einschätzt, wird sich am ehesten von ihr ab- und zu der leuchtenden Realität eines Retters hinwenden können. Das Böse hat keine eigene Realität. Das heißt, außer durch das Gute, dessen Verdrehung es ist, hat es keine Existenz. In der Hölle gibt es kein Licht. Es ist düster. Je klarer wir deshalb die Natur des Bösen erkennen, desto größer wird unsere Abscheu davor sein und desto entschiedener werden wir uns davon abwenden und uns dem Echten und Wahren widmen. Das ist es, was die wahren Männer und Frauen ausmacht, und nicht die armselige Zügellosigkeit, die heute für Ehrlichkeit gehalten wird, wenn Menschen sich gegenseitig ihre schlimmsten Einstellungen gestehen, nicht um Vergebung zu erlangen, sondern weil sie allgemeine Sympathie und Zustimmung suchen.

Man kann seine Unvollkommenheit, seine Schwäche, sein »Problem« in einer Weise zugeben, die mit einem ehrlichen Sündenbekenntnis nichts zu tun hat. Statt dessen hat diese Art von Bekenntnis den Beigeschmack des Wunsches, lieber mit der Masse eins zu sein als mit demjenigen, den die Welt haßte. Jesus sprach mit seinen Jüngern immer wieder von dem Haß, den sie erfahren würden, wenn sie ihm treu blieben:

> Wenn euch die Welt haßt, so wißt, daß sie mich vor euch gehaßt hat. Wäret ihr von der Welt, so hätte die Welt das Ihre lieb. ... Gedenkt an das Wort, das ich euch gesagt habe: Der Knecht ist nicht größer als sein Herr. Haben sie mich verfolgt, so werden sie euch auch verfolgen; haben sie mein Wort gehalten, so werden sie eures auch halten. (Joh 15,18ff.)

Wir müssen auf der Hut sein, damit bereitwilliges Bekennen nicht zum Zur-Schau-Stellen oder sogar zur Verherrlichung unserer Sünde wird, um von denen, die die Dunkelheit mehr lieben als das Licht, akzeptiert zu werden. Der Mensch, der sich entschlossen von der Dunkelheit zum Licht wendet, wird nicht viel öffentliche Unterstützung erhalten. Dem Menschen, der die Wahrheit sagt, werden, wie Sokrates schon vor langer Zeit prophezeite, die Augen ausgestochen. So war es, und so wird es immer sein. Heutzutage werden zwar keinem die Augen ausgestochen, zumindest nicht in einer zivilisierten Gesellschaft, aber wer sich vom breiten auf den schmalen Weg begibt, bekommt einiges zu hören: daß er verklemmt sei und seine Gefühle unterdrücke, daß er ein Weltverbesserer, Spielverderber, Heiligkeitsapostel sei. Jede Bezeichnung ist recht, die den Ungläubigen von der Verantwortung entbindet, daß er selbst auch christusähnlich sein soll. Unsere Naivität, Engstirnigkeit und Weltfremdheit werden belächelt, ohne daß die Spötter auf die Idee kommen, daß wir vielleicht deshalb nach dem trachten, was droben ist, weil unser Leben mit Christus verborgen ist (Kol 3, 2-3).

> Mir nach, spricht Christus, unser Held,
> mir nach, ihr Christen alle!
> Verleugnet euch, verlaßt die Welt,
> folgt meinem Ruf und Schalle;
> nehmt euer Kreuz und Ungemach
> auf euch, folgt meinem Wandel nach!
>
> Ich bin das Licht, ich leucht euch für
> mit meinem heilgen Leben.
> Wer zu mir kommt und folget mir,
> darf nicht im Finstern schweben.
> Ich bin der Weg, ich weise wohl,
> wie man wahrhaftig folgen soll.
>
> Ich zeig euch das, was schädlich ist,
> zu fliehen und zu meiden
> und euer Herz von arger List
> zu reingen und zu scheiden.
> Ich bin der Seelen Fels und Hort
> und führ euch zu der Himmelspfort.

So laßt uns denn dem lieben Herrn
mit unserm Kreuz nachgehen
und wohlgemut, getrost und gern
bei ihm im Leiden stehen.
Wer nicht gekämpft, trägt auch die Kron
des ewgen Lebens nicht davon.
(Johann Scheffler)

Ein erneuertes Denken hat nicht nur eine völlig veränderte Sicht der Realität, sondern auch dessen, was möglich ist. Wer sich vom Reich dieser Welt zum Reich Gottes wendet, empfängt eine ganz neue Wertskala, die sich nicht auf das Wort von Menschen, sondern auf das Wort Christi gründet. Aus Unmöglichkeiten werden Möglichkeiten.

Das weltliche Denken sagt: »Ich bin schließlich auch nur ein Mensch. Keiner kann von mir erwarten, diese Frau zu lieben, nach allem, was sie meiner Familie angetan hat. Das ist unmöglich.«

Das Wort Christi sagt jedoch: »Liebt eure Feinde, ... tut wohl denen, die euch hassen« (Mt 5,44). Das ist in der Tat unmöglich, so wie es für Petrus unmöglich war, auf dem Wasser zu gehen, bis er dem Befehl gehorchte. Das von innen heraus erneuerte Denken beginnt, die Gedanken Christi »nachzudenken«.

Manchmal muß ich mich ganz bewußt von Gedanken über das, was mir jemand angetan hat, abwenden und muß Christi Hilfe erbitten, damit ich über das, was er für jene Person getan hat und was er noch für uns beide tun will, nachdenken kann. Ich bin sicher, daß mein Umgang mit anderen davon abhängt, wie ich über sie denke. Folgende Liedstrophe kann ein hilfreiches Gebet sein.

Ich gebe dir, mein Gott, aufs neue
Leib, Seel und Herz zum Opfer hin;
erwecke mich zu neuer Treue
und nimm Besitz von meinem Sinn.
Es sei in mir kein Tropfen Blut,
der nicht, Herr, deinen Willen tut.
(Johann Jakob Rambach)

Als Paulus die Gemeinde in Korinth besuchte, die Korrektur und Reinigung sehr nötig hatte, ging er zwar »*in Schwachheit und in Furcht und mit großem Zittern*« (1. Kor 2,3), aber mit dem festen

Entschluß, unter ihnen »*nichts zu wissen als allein Jesus Christus, den Gekreuzigten*« (1. Kor 2,2). Wenn ich mich manchmal vor der Begegnung mit einer bestimmten Person fürchte, hilft es mir sehr, diesen Entschluß des Paulus zu übernehmen und die entsprechende Person nur im Zusammenhang mit dem Kreuz zu sehen. Diese einfache Methode hat etwas mit unserer Vorstellungskraft zu tun. Die Phantasie ist eine Kraft, die uns sicherlich deshalb gegeben wurde, damit wir uns in einen anderen hineinversetzen können. Christus kennt und liebt diesen Menschen und wird mein Denken so verändern, daß ich ihn anders sehen kann als vorher: als einen von Gott geliebten und erlösten Menschen, dem vergeben wurde. Indem ich meinen Verstand und meine Vorstellungskraft Gott unterordne, stelle ich mich unter das Kreuz Jesu. Von dort sehen die Dinge ganz anders aus als von dem Standpunkt des einsamen Ich. So wird die »weltliche« Realität, die das einzige ist, was das Ich erkennen kann, immer schwächer und die leuchtende göttliche Realität, die der Glaube erkennen kann, immer stärker.

Wir empfangen eine neue Sicht. Der bewußte Entschluß, Christi Gedanken zu denken, indem wir ihm gestatten, unser Denken umzuformen, führt zu einer anderen Sichtweise, die ihrerseits wieder eine andere Verhaltensweise nach sich zieht.

> »Laßt euch vielmehr innerlich von Gott umwandeln und euch eine neue Gesinnung schenken. Dann könnt ihr erkennen, was Gott von euch will. Ihr wißt dann, was gut und vollkommen ist und Gott gefällt« (Röm 12,2; Gute Nachricht).

Eine der größten Gaben meines Mannes ist Freundlichkeit. Es fällt ihm leicht, Menschen kennenzulernen, und er gibt ihnen sofort das Gefühl, zu Hause zu sein. Meine Gabe ist das nicht. Er hilft mir durch sein Vorbild, aber ich brauche es auch, daß er mich direkt darauf anspricht. Kürzlich machte er mich darauf aufmerksam, daß ich zu einer Freundin nicht so freundlich gewesen war, wie ich es hätte sein sollen. Ich reagierte auf diese Bemerkung sofort ärgerlich. Die Sache war so gewesen, daß mich eine junge Frau in einem Hotel mit meinem Spitznamen angesprochen hatte, den sonst nur meine Familie und alte Freunde benutzen. Meine Verärgerung sei sichtbar gewesen, sagte Lars, obwohl ich gelächelt, sie gegrüßt und Interesse an ihrer Tätigkeit gezeigt hätte. Lars hielt mir einen kurzen Vortrag. Er sagte nichts, was ich nicht schon wußte. *Wieso hält er mir einen Vortrag*, dachte ich. *Er hat auch schon einmal die Geduld verloren. Und außerdem hatte diese Frau kein Recht, ...*

Meine Reaktion war »echt«. Sie war ehrlich, d. h., sie entsprach dem, was mir zuerst in den Sinn kam. Nichts von dem, was ich dachte, sagte ich laut; meine Gedanken folgten dem alten Denkmuster und entsprachen nicht dem Denken Christi. »Realität« ist oft etwas Böses. Es wird allgemein angenommen, daß es positiv sei, seine natürlichen Gefühle und Gedanken offen zu zeigen, weil es eben »ehrlich« sei. Aber das ist falsch. Wenn die Gefühle und Gedanken an sich nicht in Ordnung sind, wie kann es dann zu etwas Gutem führen, wenn ich sie ausdrücke? Mir scheint, es würde eher zu drei Sünden führen: schlechte Gefühle, schlechte Gedanken, schlechtes Handeln.

Ich wußte, daß meine Gefühle dieser Frau gegenüber von Anfang an falsch und meine Gedanken, als Lars mich ermahnte, noch schlimmer waren. Der Heilige Geist erinnerte mich an Gottes Wort: Laßt euer Denken von Gott verändern. Trachtet nach den Dingen, die droben sind.

Christus zu denken war der neue Gedanke, der mir in den Sinn kam. Woher kam er? Nicht von mir. Nicht aus einem weltlichen Denkschema. Der Heilige Geist erinnerte mich daran.

> »Wer Zucht verwirft, der macht sich selbst zunichte; wer sich aber etwas sagen läßt, der wird klug« (Spr 15,32).

»Herr, hilf mir, der Wahrheit dessen, was Lars mir sagt, ins Auge zu sehen, anstatt sie durch Selbstverteidigung zu blockieren«, betete ich.

Der natürliche Verstand zieht es vor, zu diskutieren anstatt zu gehorchen, nach Lösungen anstatt nach der Wahrheit zu suchen. Seine spontane Reaktion auf die Wahrheit ist »nein, niemals«. Er weigert sich, auf die Wahrheit festgenagelt zu werden.

Indem ich »Christus dachte«, spürte ich, wie mein Widerstand gegen die wahren Worte von Lars sich auflöste. Die Einwände, die ich hatte machen wollen, blieben mir im Hals stecken. Wenn wir uns der Autorität Christi unterordnen, erlangen wir Autorität über uns selbst.

Der erneuerte Verstand sehnt sich nach Einheit. Kein aufrichtiger Christ kann über die Zersplitterung des Leibes Christi glücklich sein. Wenn Spaltungen aus Neid, Eifersucht, Gruppendenken, Konkurrenzstreben, Groll und dem Verlangen nach Anerkennung (und dies ist meistens der Grund) entstehen, so verraten sie, daß das alte Denken herrscht. Die Schreiber der neutestamentlichen Briefe drängen die Gläubigen immer wieder: Sie sollen gleich denken, eines Sinnes, einer Meinung und eins im Geist sein. Wie könnten wir auch anders sein, wenn wir das Denken Christi in uns haben?

Es ist erstaunlich, wie oft sich sogenannte Unstimmigkeiten bei näherer Prüfung als schlichte Antipathie herausstellen.

»Ich bin anderer Meinung« bedeutet oft nichts anderes als »Ich mag nicht, was du sagst«. Die Pharisäer, die für ihr Gesetzeswissen bekannt waren, behaupteten, anderer Meinung als Jesus zu sein. Seine Erwiderungen entlarvten ihre Ablehnung jedoch als Haß gegen die Wahrheit. Bevor wir protestieren, sollten wir die Möglichkeit in Betracht ziehen, daß wir nur deshalb anderer Meinung sind, weil uns die Zustimmung etwas kosten, uns Unannehmlichkeiten bringen und unseren persönlichen Interessen schaden würde. Ein Beispiel dafür ist die mit technischen Schwierigkeiten begründete Weigerung der kanadischen Flugsicherung, amerikanischen Flugzeugen die Benutzung kanadischen Luftraums zu gestatten. Der Konflikt dauerte zwei Tage, dann gab die kanadische Seite nach, ohne daß sich an der technischen Situation auch nur das geringste geändert hätte. Die Ablehnung der Kanadier, die sich angeblich auf einen realen Grund stützte, wurde zur Zustimmung, ohne daß sich die »Gründe« in irgendeiner Weise geändert hätten.

Wahrscheinlich hängt der demokratische Prozeß, wenn es in der Gemeinde um Wahlen geht (z. B. eines neuen Pastors oder der Diakone, der Ältesten oder des Kirchenvorstands, um die Abstimmung über den Erwerb eines neuen Grundstückes oder die Renovierung der Küche) genauso wie in der Politik viel mehr vom persönlichen Geschmack als von ernsthaften Überlegungen ab. Entweder mögen die Leute bestimmte Dinge, oder sie mögen sie nicht, und die meisten umgehen die harte Arbeit des realen Denkens lieber. Sie haben so wenig Übung darin, daß sie ziemlich unfähig geworden sind, zwischen Vernunft und persönlicher Vorliebe zu unterscheiden.

Der Mangel an Übung ist nicht der einzige Grund für diese Unfähigkeit. Wenn Autorität abgelehnt wird, ist alles nur noch eine Frage des Geschmacks. Wo es keine absoluten Werte gibt, wird alles zur Modefrage. Dies ist ein ernstes Problem, das Christen aus der Sicht Christi beleuchten müssen. Wie denken wir über die gegenwärtigen Fragen der Tagespolitik: Hungersnöte, Umweltkatastrophen, Rüstungsfragen und »Entmenschlichung« der Gesellschaft (z.B. durch Scheidung, Abtreibung, Homosexualität, Gentechnologie)?

Die meisten von uns fühlen sich völlig hilflos angesichts all der Schrecken, die wir um uns herum betrachten. Wir wollen jedoch nicht die Perspektive verlieren. Wir müssen daran denken, wie die Bibel die Welt sieht: als von Gott geschaffen und erhalten, zerstört und trotzdem erlösungswert, wenn wir die Nachrichten hören oder sehen. Wir müssen uns von Gott die Augen dafür öffnen lassen, was für unsichtbare Mächte hier am Werk sind.

> Denn wir haben nicht mit Fleisch oder Blut zu kämpfen, sondern mit Mächtigen und Gewaltigen, nämlich mit den Herren der Welt, die in dieser Finsternis herrschen, mit den bösen Geistern unter dem Himmel. Deshalb ergreift die Waffenrüstung Gottes (Eph 6,12-13).

Wir sind nicht auf unsere menschlichen Fähigkeiten beschränkt. Der Herr und seine Heerscharen streiten für uns.

> »Denn obwohl wir im Fleisch leben, kämpfen wir doch nicht auf fleischliche Weise. Denn die Waffen unseres Kampfes sind nicht fleischlich, sondern mächtig im Dienste Gottes, Festungen zu zerstören. Wir zerstören damit Gedanken und alles Hohe, das sich erhebt gegen die Erkenntnis Gottes, und nehmen gefangen alles Denken in den Gehorsam gegen Christus« (2. Kor 10,3ff.).

Zuallererst müssen wir diese Worte auf unser eigenes Denken anwenden. In jedem von uns stecken scheinbare Klugheiten – Vorwände, Argumente, die zwar gut klingen, die aber in die Irre führen und die Romano Guardini als »Gebrechen des Herzens, die intellektuelle Ausmaße angenommen haben«, bezeichnet.

Dr. Charles Stanley, Pastor einer Baptistengemeinde in Atlanta, zeigt auf, wie sich bestimmte Dinge einschleifen. Es beginnt mit einem Gedanken. Der Gedanke wird zu einer Überlegung. Die Überlegung entwickelt sich zu einer Haltung, die dann zur Handlung führt. Eine wiederholte Handlung wird zur Gewohnheit, und die Gewohnheit bietet eine »Kampfbasis für den Feind«. Wenn wir uns fragen, warum wir immer wieder eine bestimmte Sache tun, die wir verachten, dann ist dies die Erklärung. Der Feind nutzt die Schwäche als Kampfbasis und schlägt immer wieder zu. Die einzigen wirkungsvollen Waffen im Kampf gegen eine solche Festung sind die Waffen, die Gott uns gibt. Es sind geistliche Waffen.

Der Mensch, der den »Sinn Christi« besitzt, *versteht* nicht automatisch alle Geheimnisse. Aber er ist bereit, allem entschlossen entgegenzutreten, was sich stolz gegen die Erkenntnis Gottes erhebt, egal, was seine Gegner sagen und ob er ihre Argumente erfolgreich widerlegen kann. Geistliche Reife ist die Fähigkeit, unbeantwortete Fragen im Glauben mitzutragen und an dem Wort, von dem wir leben, festzuhalten.

Eine Frau, die öffentlich scharf angegriffen wurde, weil sie über ein besonders unpopuläres Thema geschrieben hatte, sagte zu mir: »Elisabeth, ich kann sie nicht widerlegen. Ich weiß nicht, was ich auf einige ihrer Argumente entgegnen soll, aber ich habe keine Angst vor ihnen, weil ich weiß, daß ich recht habe.« Diese Einstellung kann zwar auch gefährlich sein, weil sie die Gefahr des Fanatismus in sich birgt, aber wenn jemand nicht seine eigene, sondern Gottes Ehre im Sinn hat, kann man ihm vertrauen.

Paulus gab dem jungen Timotheus ganz genaue Anweisungen zur Gemeindeordnung: wie sich die Diakone, die Frauen, die Ältesten und Witwen zu verhalten hätten. Explosive Themen, damals wie heute. Paulus wußte wohl, wie schwer es für Timotheus war, diese Anweisung klar zu vertreten. Trotzdem sagte er:

> Dies lehre und dazu ermahne! Wenn jemand anders lehrt und bleibt nicht bei den heilsamen Worten unseres Herrn Jesus und bei der Lehre, die dem Glauben gemäß ist, der ist aufgeblasen und weiß

nichts, sondern hat die Seuche der Fragen und Wortgefechte. Daraus entspringen Neid, Hader, Lästerung, böser Argwohn, Schulgezänk solcher Menschen, die zerrüttete Sinne haben und der Wahrheit beraubt sind (1.Tim 6,2ff.).

Der Jünger, der jeden Gedanken unter den Gehorsam Christi gefangennehmen will, kann sich mit folgenden Fragen selbst prüfen:

1. Wessen Ehre suche ich?
2. Handle ich für oder gegen die Ehre Gottes?
3. Denke ich heilsame Gedanken?
4. Habe ich ein krankhaftes Interesse an Streit und Diskussionen?
5. Ist mir Verständnis wichtiger als Gehorsam?
6. Ist mir Wissen wichtiger als Glaube?
7. Wäre mir eine bestimmte Lösung in dieser Angelegenheit unbequem?
8. Lehne ich eine bestimmte Wahrheit ab, weil sie mir unbequem ist?

Es gibt unendlich viele scheinbare Weisheiten, durch die wir klares Denken ersetzen können: Pragmatismus (es ist in Ordnung, solange es für mich funktioniert), technische Machbarkeit (die Wissenschaft hat einen Weg gefunden, also können wir ihn auch beschreiten), Sachdienlichkeit (ich kann damit etwas anfangen), Bequemlichkeit (das paßt mir gut), Glück (das macht mich glücklich), Toleranz (man will ja schließlich nicht extrem werden), Verpflichtung (das schulde ich mir), Verantwortung (es ist mein Leben) und so weiter.

Nehmen wir zum Beispiel die Themen Gerechtigkeit, Menschenrechte, Abtreibung, Scheidung, Männlichkeit und Weiblichkeit. Wenn wir zuerst die gegenwärtig gängigen Meinungen dazu aufschreiben und uns dann die von mir oben vorgeschlagenen Fragen stellen, dann finden wir wahrscheinlich recht revolutionäre Antworten in der Bibel.

Bedeutet Gerechtigkeit in der Bibel zum Beispiel immer Gleichheit? Jesus erzählte die Geschichte eines Mannes, der Arbeiter zu unterschiedlichen Tageszeiten einstellte und jedem am Ende des Tages den gleichen Lohn ausbezahlte. Diejenigen, die zuerst einge-stellt worden waren, murrten über ihren Lohn (»He, warum kriegen die soviel wie wir?«), obwohl er genau dem ausgemachten Betrag entsprach. Der Grundstücksbesitzer hatte das Recht, großzügig zu sein, wenn er wollte. Jesus zeigt uns in dieser Geschichte die Bedeu-tung der schon zum Sprichwort gewordenen Aussage: »Die Letzten werden die Ersten und die Ersten die Letzten sein.« »Ist das denn gerecht?« fragen wir, aber damit stellen wir die falsche Frage. Jesus betonte immer die Reinheit des Herzens und die Liebe mehr als das Gesetz. Er drang in die Geheimnisse der Herzen vor, die diese Fragen stellten, und entdeckte Festungen des Widerstandes gegen die Wahrheit.

Oder zum Beispiel die Menschenrechte: Wie viele Demonstran-ten würden noch mitmarschieren, wenn die Demonstration auf die beschränkt wäre, die zuerst ihr Recht an sich selbst aufgegeben hätten?

Zum Thema Abtreibung: Welche Argumente würden noch dafür sprechen, wenn man das »Gewebe« bzw. »Produkt der Empfäng-nis« ein Baby nennen würde? Stammt unsere Antwort von Gott oder von Menschen?

Zum Thema Scheidung: Wie viele würden sich noch scheiden lassen, wenn sie zuerst das Glück des anderen und nicht ihr eigenes suchten?

Zum Thema Männlichkeit und Weiblichkeit: Wie viele Diskus-sionen über Rollenverhalten, Gleichberechtigung und Persönlich-keitsentfaltung würden überflüssig, wenn Sexualität nicht als biolo-gische, sondern als theologische Frage angesehen würde: als herrli-ches Geheimnis zweier sich ergänzender Wesen, die das Bild des unsichtbaren Gottes in sich tragen?

Wenn wir jede Frage, jede Lehre und jedes Problem direkt in die Gegenwart Christi bringen, der der Weg, die Wahrheit und das Leben ist und fragen: »Welcher Weg führt zum Himmelreich?«, dann werden wir eine Antwort finden.

Der Jünger, der ehrlich möchte, daß Gott sein Denken verändert, wird seine Energie nicht auf die Klärung von Ausnahmen, Lücken und Schwachpunkten des Gesetzes verschwenden, sondern auf eine völlige Hingabe und eine gehorsame Liebe. Dann öffnet sich sein Herz für den Geist Gottes, und er fängt an, Weisheit zu erlernen. Das Gebet einer solchen Frau oder eines solchen Mannes wird lauten:

> Zeige mir, Herr, den Weg deiner Gebote, daß ich sie bewahre bis ans Ende. Unterweise mich, daß ich bewahre dein Gesetz und es halte von ganzem Herzen. Führe mich auf dem Steig deiner Gebote; denn ich habe Gefallen daran. Neige mein Herz zu deinen Mahnungen und nicht zur Habsucht. Wende meine Augen ab, daß sie nicht sehen nach unnützer Lehre, und erquicke mich auf deinem Wege. (Ps 119,33-37)

Der disziplinierte Christ wird sehr darauf achten, welchen Rat er sich von anderen einholt. Ratschläge, die dem geschriebenen Wort Gottes widersprechen, sind gottlose Ratschläge. »Wohl dem, der nicht wandelt im Rat der Gottlosen« (Ps 1,1).

Die Kraft Gottes manifestiert sich nicht in der Weisheit der Weisen (des Philosophen, Kritikers oder Psychiaters) noch in der Vorsicht der Vorsichtigen (des Politikers, des erfolgreichen Geschäftsmannes oder des Steuerberaters), sondern in Christus, dem ans Kreuz genagelten Christus. Was könnte der Welt nutzloser und lächerlicher erscheinen? Wer könnte von einem Mann am Kreuz Weisheit erbitten? Man sieht ja, wohin ihn das gebracht hat!

Aber durch dieses Kreuz wurden wir gerettet. Christus wurde ans Kreuz genagelt, damit wir nicht mehr länger für uns selbst leben, sondern für Gott. Und beginnen nicht hier, in der Haltung, daß man immer alles sofort haben will, viele der Probleme, für die wir dann professionelle Hilfe in Anspruch nehmen? Würden wir nicht schnell eine Antwort finden, wenn wir diese Haltung aufgeben und uns unter Jesus beugen? Ich habe das selbst getan, und ich weiß, daß es so ist. Ich weiß aber auch, daß jetzt manche sofort einwenden werden, dies sei zu einfach. Ihnen möchte ich einfach erwidern, daß es in diesem Buch um christliche Disziplin geht. Es will zeigen, wie man einen Anfang darin machen kann. Es richtet sich an die, die Jesus schon als ihren Herrn anerkannt haben und für die sein Wort gültiger Maßstab ist.

Paulus warnte Titus eindringlich vor denjenigen, die sich von der Wahrheit abwenden: »Denn es gibt viele Freche, unnütze Schwätzer und Verführer, besonders die aus den Juden, denen man das Maul stopfen muß, weil sie ganze Häuser verwirren und lehren, was nicht sein darf, um schändlichen Gewinns willen. ... Sie sagen, sie kennen Gott, aber mit den Werken verleugnen sie ihn; ein Greuel sind sie und gehorchen nicht und sind zu allem guten Werk untüchtig« (Tit 1,10-11.16).

Viele Krankheiten körperlicher, geistiger und seelischer Natur haben ihren Ursprung im Ungehorsam. Wenn die Seele eine Wahl zwischen richtig und falsch treffen muß und statt dessen versucht, die Unterschiede zwischen beidem zu verwischen, wenn sie dann für Ihre Verwirrung und ihr Durcheinander fadenscheinige Ausreden macht, wird sie krankheitsanfällig. Dem Bösen wird hier Gelegenheit gegeben, in Leib, Seele und Geist einzudringen, und der Kranke sucht dann einen Facharzt auf, der seine Beschwerden diagnostiziert. Manchmal weiß der Patient sehr wohl, wo die Ursache für seine Krankheit liegt, und bittet genau aus diesem Grund nicht den Herrn um Hilfe, da er eine Antwort fürchtet, die lauten könnte: »Bekenne. Kehre um. Gib dieses Vergnügen auf. Bemitleide dich nicht selbst. Vergib diesem Menschen. Zahle zurück, was du schuldest. Entschuldige dich. Sag die Wahrheit. Verleugne dich. Kümmere dich um das Wohlergehen der anderen. Verliere dein Leben.«

Der Betroffene wird sich wahrscheinlich einen Therapeuten suchen, der »ohne zu richten« zuhört und alle Schuldgefühle, die an die Oberfläche kommen, auf die leichte Schulter nimmt oder als unbegründet verwirft. Seine Deutung der ihm geoffenbarten Geheimnisse mögen bequemer sein als die, die der Patient selbst auf den Seiten seiner Bibel gefunden hätte, denn das Wort ist »schärfer als jedes zweischneidige Schwert, und dringt durch, bis es scheidet Seele und Geist, auch Mark und Bein, und ist ein Richter der Gedanken und Sinne des Herzens. Und kein Geschöpf ist vor ihm verborgen, sondern es ist alles bloß und aufgedeckt vor den Augen Gottes, dem wir Rechenschaft geben müssen« (Hebr 4,12f.).

Welcher menschliche Seelsorger kann, selbst wenn er über eine einwandfreie akademische Ausbildung verfügt, ohne die Hilfe des lebendigen Wortes dahin vordringen, wo Seele und Geist geschieden werden?

Sich hilfesuchend an einen als Helfer qualifizierten Menschen zu wenden, der »seine Lust am Gesetz des Herrn hat« und Tag und Nacht darüber nachsinnt, führt oft aus Verwirrung und Dunkelheit heraus. Die Notwendigkeit, einem anderen Menschen seine Lage zu erklären, die Mühe, alle Faktoren zu ordnen und zu beleuchten, sie zu artikulieren und sie vor einem anderen intelligenten Menschen offenzulegen und das anschließende Betrachten der einzelnen Dinge mit Vernunft und Gebet kann zu einer guten Erfahrung mit neuen Erkenntnissen führen.

Gott ist nicht ein Gott der Verwirrung. Seine Verheißung lautet:

> Ich will dich unterweisen und dir den Weg zeigen, den du gehen sollst; ich will dich mit meinen Augen leiten. Seid nicht wie Rosse und Maultiere, die ohne Verstand sind, denen man Zaum und Gebiß anlegen muß, sie werden sonst nicht zu dir kommen. Der Gottlose hat viel Plage; wer aber auf den Herrn hofft, den wird die Güte umfangen. Freuet euch des Herrn und seid fröhlich, ihr Gerechten und jauchzet, alle ihr Frommen. (Ps 32,8-11)

Vor zwei Jahren standen mein Mann und ich vor der nicht ganz einfachen Aufgabe, ein Haus zu kaufen, einzuziehen und das Haus, in dem wir bis dahin gewohnt hatten, zu vermieten. Der Zeitplan war völlig unmöglich. Wir konnten nicht ausziehen, bevor das neue Haus fertig war; wir konnten möglichen Käufern keinen festen Termin zusagen (und eine Familie brauchte die Wohnung ganz dringend). Was sollten wir tun? Meine Gedanken mußten an diesem Punkt »in den Gehorsam gegen Christus gefangengenommen« werden. Das ist keine leichte Angelegenheit. Niemand läßt sich gerne gefangennehmen. Aber Christus ist Herr in unserem Leben, auch wenn es um Wohnprobleme geht, und deshalb mußten die Gedanken einfach in den Gehorsam gebracht werden. Es schien keinen Ausweg aus dem Durcheinander zu geben, und immer, wenn ich die flüchtigen Gedanken gefangen zu haben meinte, fanden sie einen Fluchtweg und liefen wieder davon.

Lars und ich brachten die ganze Angelegenheit so vollständig wie wir konnten vor den Herrn. Wir beteten für die Leute, von denen unsere Entscheidung abhing und für diejenigen, die von unserer Entscheidung abhingen, und baten Jesus, für sie und für uns zu sorgen und uns klar zu machen, was wir tun sollten. Dann nahmen wir das in Angriff, was uns vernünftig und möglich erschien und machten immer einen Schritt nach dem anderen in dem Vertrauen, daß Gott tun konnte, was außerhalb unserer eigenen Vernunft und Macht lag (und das war das meiste!). Er erhörte unser Gebet. Zwei Jahre später befanden wir uns wieder in einer ähnlich komplizierten Situation. Lars war nicht da, und als ich in dem Sinne betete, wie wir vor zwei Jahren gebetet hatten, griff ich zur Bibel und schlug sie aufs Geratewohl auf. Mein Blick fiel auf eine Notiz, die ich mir an den Rand von Psalm 18 geschrieben hatte: »Gebet für Mieter« und das Datum. »Der Herr, mein Gott, macht meine Finsternis licht ... Gottes Wege sind vollkommen, die Worte des Herrn sind durchläutert« (Ps 18,29.31). Ich schrieb ein Wiederholungszeichen an den Rand unter die Notiz »Gebet für Mieter« mit dem neuen Datum. Ich wurde ermutigt zu vertrauen und meine ungehorsamen Gedanken - d. h. meine Zweifel und Befürchtungen - unter den Gehorsam Christi gefangen zu nehmen. Und tatsächlich fanden wir wieder genau zur richtigen Zeit die richtigen Mieter.

Ist es uns wichtig, ein diszipliniertes Denken zu besitzen? Wir können leicht prüfen, wie es mit unserem Denken aussieht, wenn wir uns prüfen, welche der biblischen Beschreibung auf uns zutrifft (Zitate sofern nicht anders angegeben nach Luther 1984):

Das fleischliche Denken:

beschwert	Lukas 21,34
verkehrt	Römer 1,28
untauglich geworden	Römer 1,28
	(Gute Nachricht)
fleischlich gesinnt	Römer 8,7
in Feindschaft gegen Gott	Römer 8,7
Von unserem Wesen her	
lehnen wir Menschen uns	

gegen Gott auf, weil wir seine Gebote nicht erfüllen können	Römer 8,7 (Hoffnung für alle)
sieht über die natürlichen Dinge nicht hinaus	Römer 8,5 (Young Churches)
Denn die da fleischlich sind, die sind fleischlich gesinnt ... fleischlich gesinnt sein ist der Tod	Römer 8,5f
widersetzt sich hartnäckig	Epheser 4,8 (Hoffnung für alle)
Verstand ist verfinstert, entfremdet dem Leben	Epheser 4,18
irdisch gesinnt	Philipper 3,19
aufgeblasen im fleischlichen Sinn	Kolosser 2,18
ohne Grund eingebildet	Kolosser 2,18 (Gute Nachricht)
unrein, befleckt	Titus 1,15
krank	Titus 1,15 (Young Churches)

Das Christus untergeordnete Denken hat ganz andere Eigenschaften:

wach	Lukas 21,36
freundlich	Apostelgeschichte 17,11
bereitwillig	Apostelgeschichte 17,11
aufmerksam	Apostelgeschichte 17,11 (Gute Nachricht)
bescheiden	Kolosser 3,12 (Gute Nachricht)
erniedrigt sich	Phil 2,5-9

geistlich	Römer 8,6
Leben	Römer 8,6
Frieden	Römer 8,6
Gerechtigkeit	Epheser 4,24
Heiligkeit	Epheser 4,24
Kraft	2.Timotheus 1,7
Besonnenheit	2.Timotheus 1,7
Sanftheit	Jakobus 3,13

Von der Weisheit, die nicht »von oben herabkommt«, sagt Jakobus, daß sie »irdisch, niedrig und teuflisch« sei. Sie ist von bitterer Eifersucht und selbstsüchtigen Ambitionen geprägt, die zu »Unordnung und lauter bösen Dingen« führen (Jak 3,15-16).

Die Weisheit von oben dagegen ist »...zuerst lauter, dann friedfertig, gütig, läßt sich etwas sagen, ist reich an Barmherzigkeit und guten Früchten, unparteiisch, ohne Heuchelei« (Jak 3,17).

Das auf Christus ausgerichtete Denken achtet die Dinge, die der Welt teuer sind für wertlos und hält das für das Wichtigste, was die Welt verachtet. Ich bin seit fast einem halben Jahrhundert Christ, aber ich habe noch eine große Wegstrecke vor mir. Wenn ich vor einer Entscheidung stehe und mein Herz und mein Denken prüfe, finde ich meistens viele Kennzeichen des unerneuerten und nur schwache Anzeichen für das erneuerte Denken. Bin ich wachsam? Manchmal. Aber dann brauche ich nur zu versuchen, frühmorgens zu beten oder in einer Gebetsgemeinschaft in Gedanken nicht abzuschweifen, wenn ein anderer betet. Oder wenn ich meine, großzügig gehandelt zu haben, stelle ich fest, daß ich das nur bei bestimmten Menschen fertigbringe und daß ich anderen gegenüber gar nicht großzügig bin, wenn ich fürchte, sie wollen mich ausnützen. Oder wenn ich alle Jubeljahre einmal für einen kurzen Augenblick etwas wie einen Anflug von Demut entdecke (aber ist da nicht schon etwas faul, wenn ich Demut »entdecke«?), schickt mir bestimmt jemand die Rezension eines meiner Bücher, die mit dem Urteil schließt, daß »einige Leser dieses Buch für eine oberflächliche Schriftbetrachtung halten würden«. Oder ich höre einen Bericht über einen Vortrag, den ich gehalten haben soll – falsch dargestellt, falsch verstanden, falsch zitiert, einzelnes aus dem Zusammenhang gerissen, mit schwachem Lob heruntergemacht - und mit meiner Demut ist es nicht mehr weit her. Strecke ich mich nach den Dingen des Geistes aus? Manchmal vielleicht. »Herr, du weißt alle Dinge, du weißt, daß ich dich liebe.« Mein Herz hungert und dürstet wirklich nach Rechtschaffenheit. Innerer Friede? Den habe ich fast immer, wenn ich nicht gerade von einer langen Reise nach Hause komme und die Arbeit sich auf meinem Schreibtisch türmt.

Wenn ich den Herrn, meinen Gott, mit meinem *ganzen* Gemüt (und dies umschließt auch mein Denken) lieben soll, wird nicht viel Raum bleiben für fleischliches Denken, Stolz, Angst und Eigenliebe. Wie kann mein Denken mit der Liebe des Herrn erfüllt sein und noch Platz haben für solche Dinge?

Wenn ich diese Dinge jedoch entdecke, kann ich nur beten: »Herr, vergib mir. Ich gebe dir meinen Leib als lebendiges Opfer und bitte dich, ihn als Gottesdienst anzunehmen und dein heiliges Werk der Veränderung meines Denkens fortzusetzen, damit ich dich würdiger verherrlichen kann. Um Jesu willen.«

Unser ganzes irdisches Leben lang wird uns immer in einer Notsituation, in einer Krise, in der wir nach einer Lösung oder Antwort oder sogar einer Fluchtmöglichkeit suchen, die Möglichkeit gegeben zu wählen. Entweder werden wir die Lösungen, Antworten oder Fluchtwege annehmen, die die Welt bietet (und da gibt es viele), oder wir entscheiden uns für die radikale Alternative des auf Christus gerichteten Denkens. Das Denken der Welt erhebt sich gegen Gott. Manchmal erscheint dieses Denken zwar auch dem ernsthaftesten Jünger rational und ansprechend, aber Christus sagt uns, was er vor langer Zeit seinen Jüngern sagte, als viele von ihnen sich bereits abgewandt hatten: »Wollt ihr auch weggehen?« (Joh 6,67). Wenn wir so antworten wie Petrus: »Herr, wohin sollen wir gehen? Du hast Worte des ewigen Lebens« (Joh 6,68), dann werden unsere rebellischen Gedanken sofort gefangengenommen. Der Weg zur Heiligung wird wieder sichtbar. Der Jünger tritt durch das enge Tor.

Ehre, wem Ehre gebührt

Eine Freundin rief mich eines Tages an mit einer Frage, die mich auf einen neuen Gedanken brachte.

»Peter und ich sind über die Predigten in letzter Zeit nicht sehr glücklich. Ich weiß kaum, was ich dem Pastor sagen soll, wenn wir die Kirche verlassen und ihm die Hand schütteln. Am meisten macht mir aber zu schaffen, daß ich nicht weiß, wie ich ihn ehren soll. Sagt uns die Bibel nicht, daß wir alle Menschen ehren sollen?«

Das sagt sie tatsächlich. Aber was für eine kuriose Frage für eine moderne junge Frau. Ehren? Wer denkt denn heute noch an Ehre? Wir sind doch alle gleich. Unter jungen Leuten spricht man sich nur noch mit dem Vornamen an, wir lassen den Titel bei Leuten weg, die wir früher als höherstehend angesehen hätten, und um Ehre der Lehrer in der Schule scheint es schlecht bestellt zu sein. Ich weiß nicht, ob die Pfadfinder immer noch bei der »Pfadfinderehre« schwören, aber kürzlich gab es einen großen Aufruhr in den Staaten, als 13.000 Angestellte des Flugsicherungspersonals ihren einmal geleisteten Eid durch einen Streik brachen. Einige der Streikenden hatten zwar Zweifel angesichts der Bedeutung des Eids, aber Tatsache ist, daß sie streikten und sich einig waren, daß ihr Wunsch nach Arbeitszeitverkürzung und Gehaltserhöhung den einmal geleisteten Eid entkräfteten. Das TIME MAGAZIN zitierte William Murry, den zweiten Kronanwalt Englands aus dem 18. Jahrhundert: »Kein Land kann über Jahre hinaus überleben, in dem ein Eid nicht als bindend angesehen wird, denn die Auflösung des Eides führt zwangsläufig zur Auflösung der Gesellschaft.«

Die Bibel gebietet uns, jedem die ihm »gebührende Ehre« zu erweisen. Gebührend bedeutet »geschuldet, zahlbar«, d. h., nicht etwas außerhalb unserer Pflicht oder über sie hinaus, sondern etwas

Verbindliches, so wie eine Rechnung, wie Zoll oder Steuern. Es hat also nichts damit zu tun, wie wir uns selbst oder andere einschätzen.

> »So gebt nun jedem, was ihr schuldig seid: Steuer, dem die Steuer gebührt; Zoll, dem der Zoll gebührt; Furcht, dem die Furcht gebührt; Ehre, dem die Ehre gebührt. Seid niemand etwas schuldig, außer, daß ihr euch untereinander liebt ...« (Röm 13, 7-8).

Hier muß betont werden, daß der Jünger allein vor Gott steht und seine Verpflichtung in erster Linie vor Gott selbst verantworten muß. Gott wird ihn nicht fragen, ob der andere seinen Teil des Geschäftes eingehalten hat. Gott fragt, ob wir ein reines Herz haben. Es ist so leicht, sich damit zu entschuldigen, daß die andere Seite (eine Person, eine Institution oder eine Gesellschaft) ihre Verpflichtung nicht erfüllt hat, aber der Gehorsam des Jüngers ist davon nicht abhängig. »Seid niemand etwas schuldig« soll die einzige Sorge des Jüngers sein. Es heißt nicht, daß wir dafür sorgen sollen, daß uns die anderen nichts schulden.

Ehre bedeutet »Respekt, Hochachtung, Anerkennung des Wertes«. Ein Christ betrachtet alle Menschen als Ebenbild Gottes. Aber sie sind auch alle Sünder, was bedeutet, daß das Bild verzerrt ist. Aber es ist trotzdem ein göttliches Bild, das erlöst werden kann und deshalb in Ehre gehalten werden soll.

Ein Grund der Verwirrung liegt in der Definition des Wortes *Respekt. Respekt* bedeutet zunächst »Ehrerbietung, schuldige Achtung«, d. h., die gebührende Anerkennung eines anderen Menschen aus dem einfachen Grund, daß Gott ihn geschaffen hat. Aber die Bibel sagt auch, daß Gott »die Person nicht ansieht« (Apg 10,34), Gott hat keine Lieblinge. Im gleichen Sinn rügt Jakobus, daß wir inkonsequent und mit falschem Maßstab handeln, wenn wir auf bestimmte Menschen, wie z. B. denjenigen, der »herrlich gekleidet« ist, »sehen«, d. h. ihm besondere Aufmerksamkeit schenken.

Aus den *falschen* Gründen Unterschiede zwischen den Menschen zu machen ist Unrecht. An dem Ort der Anbetung sollen sowohl der gutgekleidete Mann mit den goldenen Ringen als auch der arme Mann in schäbigen Kleidern willkommen sein. Das ist eine geistliche Verpflichtung. Der reiche Mann jedoch, der in schäbigen

Kleidern kommt, zeigt eine andere Seite des Respekts. Jesus erzählt die Geschichte eines Mannes, der in die Dunkelheit geworfen wurde, wo Heulen und Zähneklappern war, weil er in unangemessener Kleidung auf einer Hochzeit erschien. Zwar wollte Jesus beim Erzählen dieser Geschichte nicht in allererster Linie auf den Respekt hinaus, aber sie paßt trotzdem zu unserm Thema. Wer die dem Anlaß angemessene Kleidung verweigerte (die damals anscheinend denjenigen, die sie sich nicht leisten konnten, zur Verfügung gestellt wurde), beleidigte den Gastgeber. Die Reichen, die in einer gewissen Schäbigkeit daherkommen, obwohl sie es sich leisten könnten, anständig gekleidet zu sein, nehmen sich ein Vorrecht heraus und machen sich des umgekehrten Snobismus schuldig.

Ich weiß, daß ich mich mit der Kleiderfrage auf sehr dünnem Eis bewege. Dieses Thema wurde über Jahrzehnte von den meisten Christen als nicht wichtig oder sogar als absolut unwichtig angesehen, da Gott das Herz ansieht. Und doch glaube ich, daß es sich lohnt, im Zusammenhang mit unserem Thema diese Frage noch einmal zu überdenken. Ist es denn nicht ein Zeichen der Achtung gegenüber einem Menschen, wenn ich bereit bin, mich zu bestimmten Gelegenheiten »schick zu machen«, für ein Vorstellungsgespräch zum Beispiel oder für einen besonderen Gast, den ich einlade oder für ein Treffen, zu dem eine Einladung eine Ehre ist? Ist es nicht ein Zeichen des gegenseitigen Respekts, wenn sich zum Beispiel bei einem Konzert Künstler und Zuhörer besonders schön anziehen? Manche werden das zwar als eine Form des Stolzes bespötteln, aber es kann auch Ausdruck der gleichen echten Demut sein, die einen veranlaßt, das Silber zu putzen, das schöne Tischtuch aufzulegen und Kerzen und Blumen auf den Tisch zu stellen für jemanden, den man sehr liebt. Mir ist auch aufgefallen, daß das Verhalten von Studenten genauso stark vom Äußeren wie vom Verhalten ihres Professors beeinflußt wird.

Ein weiterer Grund für die Verwirrung beim Thema Respekt ist die landläufige Auffassung, daß jeder die gleichen Rechte hat – wie du mir, so ich dir. Das gehört zu den Auswüchsen der Demokratie und darf nicht mit Christsein verwechselt werden. In Wahrheit hat nämlich nicht jeder ein Recht auf alles. Ein Kind hat das Recht, versorgt zu werden. Ein Erwachsener nicht. Ein Erwachsener hat das Recht zu wählen, zu heiraten und Steuern zu zahlen. Ein Kind nicht.

Das Schlüsselwort, das uns helfen wird, einige ganz wichtige Unterschiede zu begreifen, ist »gebührend«. Wenn Petrus uns anweist, jedem die gebührende Ehre zu erweisen, so hat diese Anweisung drei Aspekte: »... habt die Brüder lieb, fürchtet Gott, ehrt den König!« (1. Petr 2,17). Wir haben bereits festgestellt, daß »das Gebührende« eine Schuld ist. Es ist gegenüber einer bestimmten Person passend, angebracht und angemessen. Unterschiedliche Formen der Ehre und des Respekts entsprechen unterschiedlichen Menschen, und indem wir sie anders behandeln, erweisen wir ihnen Ehre.

Es gibt kein besseres Beispiel dafür als die Hochzeit von Prinz Charles und Lady Diana. Aufgrund von Charles' Status als Prinz und Thronerbe von England gebührt ihm bei seiner Hochzeit all der Pomp und Prunk. Es war schicklich und angemessen und entsprach den Erwartungen des englischen Volkes. Die Freude darüber spiegelte sich auf allen Gesichtern in der jubelnden Menge.

Ehre wird gegeben und nicht genommen. Hätte Prinz Charles eigenmächtig gegen den Willen der Königin oder des Volkes die festliche Zeremonie verlangt, wäre keinerlei Freude aufgekommen. Er verlangte es nicht – seine Position verlangte es. Das ist wichtig, wenn wir die Pflicht der gegenseitigen Ehre verstehen wollen. Wir müssen uns über die Position des anderen Menschen vor Gott im klaren sein.

Pflicht ist ein anderer hilfreicher Begriff. Das Wort geht auf das Verb pflegen zurück, was zunächst »für etwas einstehen, sich für etwas einsetzen« bedeutete. In einer Pflicht zu stehen bedeutete später, in einem Dienstverhältnis zu stehen. Für uns heute ist all das eine Pflicht, was in einer bestimmten Situation oder Position notwendig und angemessen ist.

Bei der königlichen Hochzeit schwenkten Hunderttausende von Menschen ihre Fähnchen, klatschten und jubelten, als die königliche Kutsche vorbeifuhr. Elegant uniformierte Reiter ritten auf mit prachtvollen Decken geschmückten Pferden. So wurde dem Prinzen und der Prinzessin die angemessene Ehre gegeben - sie ihrerseits ehrten die Menge durch Kopfnicken, Lächeln, Winken und mehrmaliges Erscheinen auf dem Balkon des Buckingham Palace, um die Jubelrufe ihrer Untertanen entgegenzunehmen. Das war ihre Form, der Menge Ehre zu erweisen.

Ehre hat etwas mit Stolz zu tun – Stolz im echtesten und edelsten Sinn der Anerkennung einer göttlichen Bestimmung. »Einer komme dem andern mit Ehrerbietung zuvor«, schreibt Paulus an die Römer. Tanja Blixen kommt der Bedeutung dieses Bibelwortes in ihrem Buch »Afrika, dunkel lockende Welt« sehr nahe, wenn sie schreibt:

> Der Barbar liebt seinen eigenen Stolz und haßt oder beargwöhnt den Stolz der anderen. Ich will ein gesitteter Mensch sein und den Stolz meiner Feinde lieben und den Stolz meiner Diener und den Stolz meines Geliebten, und mein Haus soll in aller Demut inmitten der Wildnis ein Ort der Gesittung sein ...
> Liebe Gottes Stolz über alle Dinge und den Stolz deiner Nächsten wie deinen eigenen. Den Stolz der Löwen; sperre sie nicht im Zoo ein, den Stolz deiner Hunde, laß sie nicht feist werden. Liebe den Stolz deiner Lebensgenossen, und laß nicht zu, daß sie sich bemitleiden. Liebe den Stolz der unterworfenen Völker und lasse ihnen die Freiheit, ihren Vater und ihre Mutter zu ehren.
> (aus: Tanja Blixen, Afrika, dunkel lockende Welt)

Den Stolz anderer zu lieben erfordert einen großzügigen Geist. Ein engherziger Mann wird sich nicht darum bemühen, daß ein anderer Anerkennung, Ehre oder eine angemessene Stellung erhält. Jeder von uns hat sicherlich schon einmal innerlich darüber gemurrt, wenn jemand eine Position erhielt, die er nicht verdiente. »Das ist nicht fair. Er ist nicht qualifiziert, wer kam auf die Idee, ihn zu ernennen? Warum kam er in den Vorstand? Und wieso ich nicht?« Die letzte Frage berührt den tiefsten Grund unserer Unwilligkeit, einem anderen die Ehre zu geben: unser eigener Stolz, ein böser Stolz, der Eifersucht nährt. Wahrscheinlich läßt Gott es auch deshalb manchmal zu, daß »dem Falschen« Ehre zuteil wird, damit wir »Richtigen« merken, wieviel Stolz in uns steckt.

Der christliche Glaube lehrt Rechtschaffenheit, nicht Rechte. Er betont Ehre, nicht Gleichheit. Der Christ sorgt sich darum, was er dem anderen schuldet und nicht um das, was der andere ihm schuldet.

> »Liebt eure Feinde; tut wohl denen, die euch hassen; segnet, die euch verfluchen, bittet für die, die euch beleidigen. ... Wer dich bittet, dem gib; und wer dir das Deine nimmt, von dem fordere es nicht zurück« (Lk 6,27-28.30).

Das ist weit von dem alten Gleichheitsgesetz des »Auge um Auge, Zahn um Zahn« entfernt. Merkwürdigerweise führt in unserer Zeit, in der Gleichheit das erklärte Ideal ist, die Angst vor Diskriminierung manchmal dazu, daß diejenigen, die früher benachteiligt waren, heute eher bevorzugt behandelt werden, wie z. B. manche Gruppen von Kriminellen, Armen, ethnischen Minderheiten oder Frauen. Im Alten Testament wurde den Israeliten die Begünstigung der Armen in Rechtsangelegenheiten verboten: »Du sollst nicht unrecht handeln im Gericht: du sollst den Geringen nicht vorziehen, aber auch den Großen nicht begünstigen, sondern du sollst deinen Nächsten recht richten. ... ich bin der Herr« (3. Mose 19,15f.).

Ich bin der Herr. Das war dem Volk Israel Grund genug, jeden Menschen zu achten. Wir haben noch mehr Grund dazu, da wir wissen, daß Gott selbst in Jesus Christus zum Menschensohn wurde. Indem wir an ihn denken, geben wir allen Menschen die Ehre.

Besonders ehren sollen wir die, die uns vorgesetzt sind als staatliche Behörden, Eltern, Lehrer, Meister und Älteste. Ältesten gebührt sogar ein doppeltes Maß an Ehre (1. Tim 5,17). Die Brüder, die für uns leiden und arbeiten, verdienen unsere Ehre.

Paulus bat die Philipper, seinen Mitarbeiter und Kameraden Epaphroditus mit Freude aufzunehmen und in Ehren zu halten, »denn um des Werkes Christi willen ist er dem Tode so nahe gekommen, da er sein Leben nicht geschont hat, um mir zu dienen an eurer Statt« (Phil 2,30).

An die Thessalonicher schrieb er: »Wir bitten euch aber, liebe Brüder, erkennt an, die an euch arbeiten und euch vorstehen in dem Herrn und euch ermahnen; habt sie um so lieber um ihres Werkes willen« (1. Thess 5,12f.).

Mutter Theresa ehrt die Hilflosen und Sterbenden, die in den Straßen von Kalkutta liegen. Selbst in den erbärmlichsten Menschen sieht sie Christus und sammelt sie mit Liebe und Demut, um sie zu versorgen. Niemand, der nicht Gottes Ebenbild in diesen Menschen sehen würde, könnte diese Arbeit tun.

Der richtige Umgang mit Respekt scheint in unserer gegenwärtigen Gesellschaft schwer geworden zu sein. Viele Studenten am Seminar, an dem ich unterrichtete, wohnten in sogenannten »Live-ins« d. h., sie konnten als Gegenleistung für Haus- oder Gartenarbeit kostenlos wohnen. Im Gespräch mit einigen von ihnen merkte ich, daß sie es als Beleidigung empfanden, wie Diener behandelt zu werden. Ihrer Ansicht nach hätte ihnen ein gleichrangiger Platz in der Familie eingeräumt werden müssen. Als ich sie darauf hinwies, daß das Dienen doch genau die Bedingung dafür war, daß sie dort wohnen durften, und manche Häuser waren wirklich prachtvoll, mit allem Komfort, schienen sie verwirrt, denn sie hatten keine Vorstellung davon, wie die Position eines Dieners aussah.

Für einen Christen ist es wichtig zu wissen, welche Position er einnimmt. Ohne ein Empfinden dafür, welche Stellung wir und die anderen haben, können wir nicht gebührend Ehre erweisen dem, dem sie gebührt. Wer ist mein Gegenüber, und wie ist mein Verhältnis zu ihm? Wir haben immer eine Autorität über uns und sind Ehre und Respekt schuldig, das kann ein König sein oder ein Präsident, unsere Eltern, unser Lehrmeister, Lehrer, unser Ehemann oder Vorgesetzter, der Pastor, die Ältesten oder Bischöfe und natürlich stets und am maßgeblichsten Christus.

Ein Seminarstudent kritisierte einmal an einem bestimmten Professor, daß er »nie verfügbar« sei. Auf meine Nachfrage stellte sich jedoch heraus, daß der Professor seine Vorlesungen stundenplanmäßig abhielt und während der Sprechstunden in seinem Büro anzutreffen war. Jedoch verließ er den Unterrichtsraum immer nach den Vorlesungen und wurde in der Regel nicht in Gesllschaft von Studenten in der Cafeteria gesehen.

»Aber das ist doch nicht richtig!« beklagte sich der Student.

»Nicht richtig?«

»Er knüpft keine Kontakte. Außerdem ist er der einzige Professor, den ich nicht duze.«

Der junge Mann hatte nicht die geringste Vorstellung von Ehrerbietung bzw. der Bedeutung von Rangunterschieden.

Der Rat des Paulus an die Sklaven verdeutlicht ein Prinzip, das wir nicht außer acht lassen sollten.

> Alle, die als Sklaven unter dem Joch sind, sollen ihre Herren aller Ehre wert halten, damit nicht der Name Gottes und die Lehre verlästert werde. Welche aber gläubige Herren haben, sollen diese nicht weniger ehren, weil sie Brüder sind, sondern sollen ihnen umso mehr dienstbar sein, weil sie gläubig und geliebt sind und sich bemühen, Gutes zu tun. (1. Tim 6,1f.)

Im Glauben und in der Liebe eins zu sein hat nichts mit Kumpelhaftigkeit zu tun, egal, ob es sich dabei um Sklaven und Herren oder um Studenten und Professoren handelt. Ich versuchte, dem Studenten verständlich zu machen, daß er sich um eine respektvolle Distanz zu seinem Professor bemühen sollte, anstatt auf seine verkorksten Vorstellungen von Studentenrechten zu beharren, die ihn zu Vertraulichkeiten berechtigten. Sein »Recht« bestand darin, unterrichtet zu werden, ein Recht, das wie alle anderen Rechte auch seine Grenzen hat. Das Recht, ein Student zu sein, ist nicht das Recht, ein Freund zu sein. Wenn er der Freund des Professors wird, ist das ein Vorrecht.

Wenn wir diejenigen, die uns rechtmäßig vorgesetzt sind, aufgrund ihrer Autoritätsposition in Ehren halten, sind wir gehorsam. Der Knecht ist nicht größer als sein Herr, der Student nicht größer als sein Professor, das Kind nicht größer als seine Eltern. In jedem Fall fällt der Gehorsam menschlichen Vorgesetzten gegenüber viel leichter, wenn er zuerst Christus gegenüber eingeübt wird.

Auch die Qualität unseres Dienstes, unserer Arbeit sollte sich stark verbessern.

> »Dient ihnen so aufrichtig, als dientet ihr Christus. Tut es nicht nur äußerlich, um euch bei ihnen einzuschmeicheln. Betrachtet euch vielmehr als Sklaven Christi, die den Willen Gottes gerne tun. Tut eure Arbeit mit Lust und Eifer, als Leute, die nicht Menschen dienen, sondern dem Herrn. Denkt daran: Der Herr wird jeden für

seine guten Taten belohnen, gleichgültig ob er Sklave ist oder frei.«
(Eph 6,5-7; Gute Nachricht).

Gert Behanna fragt in ihrem Aufruf »Frauen, seid Frauen!« (eine
Rede, die lange vor Beginn der Emanzipationsbewegung der Frauen
gehalten wurde) jene Frauen, die Hausarbeit verabscheuen, ob sie
denn bereit wären, für Jesus ein Hemd zu bügeln oder eine Mahlzeit
zu kochen. Wenn wir jeden noch so niedrigen Dienst als Opfer für
Jesus betrachten, erscheint er in einem ganz anderen Licht.

Die Bereitschaft der Ehefrau, sich ihrem Mann unterzuordnen,
ist die ihr angemessene Form, ihm Ehre zu erweisen. Sie ordnet sich
ihm unter, wie sie sich Christus unterordnen würde. Indem sie ihren
Mann respektiert, respektiert sie Christus, d. h., sie respektiert ihren
Mann in der Stellung, die ihm Christus gegeben hat. Es wird häufig
argumentiert, daß sie ihm nichts schuldet, wenn er nicht das besondere Gebot für Ehemänner erfüllt: Liebt eure Frauen. Diese Einstellung führt aber zu einem ständigen Aufschub. Solange sie die Unterordnung verweigert, weil er ihren Respekt nicht verdient, könnte
der Mann ihr mit der gleichen Logik seine Liebe verweigern, weil
sie sich nicht unterordnet und deshalb seine Liebe nicht verdient.
Jedem wurde ein besonderes Gebot und eine besondere Stärke
gegeben, mit der er dem anderen mehr als die Hälfte des Weges
entgegenkommen kann. Im Falle der Frau ruht ihre Stärke in dem,
was Petrus einen »unvergänglichen Schmuck des sanften und stillen
Geistes« (1. Petr 3,4) nennt. Es ist gar nicht abzuschätzen, was eine
solche Unterordnung alles bewirken kann. Es passiert sogar manchmal, daß ein ungläubiger Mann auch ohne ein Wort gewonnen wird,
wenn er sieht, wie ihre Frau »ihnen Respekt erweist und ein vor-
bildliches Leben führt« (1. Petr 3,2; Gute Nachricht). Kann man, so
wie man Zoll oder Steuern zahlt, einem Mann Ehre erweisen, der
grob, unverschämt und ungläubig ist? Auch wenn sich in der Frau
alles gegen die Ungerechtigkeit und den Haß ihres Mannes sträubt?
Wenn sie Schläge oder andere schlimme Dinge fürchten muß? Die
Gnade Gottes hat sich im Laufe der Jahrhunderte für zahllose
»unmögliche« menschliche Situationen als ausreichend erwiesen.
Diese Gnade kann die Frau fähig machen, ihrem Mann *als dem
Herrn* Ehre und Respekt zu erweisen, weil sie weiß, daß, selbst

wenn ihr Mann diese Ehre nicht verdient und sie anscheinend an ihn verschwendet ist, sie für Christus nicht verschwendet ist. Und Christus kann den Mann durch ihr ehrfürchtiges Verhalten zum Glauben ziehen. Der Glaube und nicht die Furcht sollte sie beherrschen. Ich würde sagen: Vertrauen Sie Gott und versuchen Sie es einmal auf diese Weise. Ehrerbietung nimmt für denjenigen *in* einer Autoritätsstellung eine andere Form an als für den, der *unter* dieser Autorität steht. Ersterer braucht eine noch größere Demut: die Demut Christi, der, obwohl er über alle Maßen reich war, es auf sich nahm, um armer Sünder willen arm zu werden. Er gab sich selbst hin und ging in den Tod für uns. »Ihr Männer, liebt eure Frauen, wie auch Christus die Gemeinde geliebt hat« (Eph 5,25). Was für eine Aufgabe! Und was für eine Ehre für ihn, sie so zu lieben, und für sie, so geliebt zu werden. Der Mann soll den Körper der Frau ehren, eben *weil* er schwächer ist und weil sie *zusammen* »Erben der Gnade« (1. Petr 3,7) sind. *Ehren* heißt also nicht nur, jemanden zu respektieren, der übergeordnet ist, sondern auch, in Verantwortung vor Gott den *untergeordneten* Menschen zu achten. Da bleibt kein Raum für tyrannisches Verhalten, für Herumkommandieren, Heruntermachen oder Schikanieren. Es gehört echte Demut dazu, den Schwächeren zu ehren. Die Herren werden angewiesen, ihre Sklaven mit Respekt zu behandeln: »Ihr Herren, ... laßt das Drohen; denn ihr wißt, daß euer und ihr Herr im Himmel ist, und bei ihm gilt kein Ansehen der Person« (Eph 6,9). Besondere Ehre gebührt auch anderen »Schwachen«, die wie die Sklaven nicht in einer Machtposition waren. Witwen ohne Kinder oder Enkelkinder wurde ein besonderer Status eingeräumt. Auch Kinder müssen die ihnen gebührende Ehre erhalten: »Und ihr Väter, reizt eure Kinder nicht zum Zorn, sondern erzieht sie in der Zucht und Ermahnung des Herrn« (Eph 6,4). Das ist angemessen. Die Kinder haben das Recht, daß man sich leiblich, seelisch und geistlich um sie kümmert, aber sie haben kein Mitspracherecht in Dingen, von denen sie nichts verstehen, und auch nicht das Recht auf eine Gleichbehandlung mit Eltern und Lehrern. Wenn man ihnen diese Rechte gewährt, tut man ihnen Unrecht! Es ist keine Ehre, denn man entzieht ihnen Freiheit – die Freiheit, Kind zu sein – und Gerechtigkeit – die gerechte

Behandlung von Kindern. Sie zu ehren bedeutet deshalb, ihnen die Vorrechte und Verantwortlichkeiten einzuräumen, die ihnen gebühren und die sie richtig wahrnehmen können. Ein großes Vorbild auf diesem Gebiet ist, wie in allen anderen Bereichen eines disziplinierten Lebens, Jesus selbst. Ehre, wem Ehre gebührt, war sein Lebensstil. Kurz vor seiner Kreuzigung betete er zu seinem Vater und sagte, daß er durch die Vollendung dessen, was ihm der Vater aufgetragen hatte, den Vater verherrlicht habe. Er bat den Vater, nun auch ihn in seiner Gegenwart zu verherrlichen und erwähnt, daß ihn die Jünger verherrlichen (Joh 17,4-6.10). Außer diesen drei Formen der Ehrerbietung - Jesus ehrt den Vater, der Vater ehrt Jesus, die Gläubigen ehren Jesus -, die Jesus hier immer als Verherrlichung bezeichnet, gibt es noch eine vierte: Jesus ehrt die Gläubigen. Dies wird im hohepriesterlichen Gebet indirekt ausgedrückt in Sätzen wie:

> Ich habe deinen Namen den Menschen offenbart, die du mir aus der Welt gegeben hast. (Joh 17,6)

> Denn die Worte, die du mir gegeben hast, habe ich ihnen gegeben. (Joh 17,8)

> Ich bitte für sie, ... die du mir gegeben hast. (Joh 17,9)

> Wie du mich gesandt hast in die Welt, so sende ich sie auch in die Welt. (Joh 17,18)

Gibt es von unserem Standpunkt aus eine größere Ehre als die, daß der Herr der Herren und König der Könige sich zu uns herabneigt, um uns in seine Göttlichkeit hinaufzuziehen?

Das Maß der Demütigung Christi ist das Maß der Ehre, die uns zuteil wird. Die Erläuterungen der Wuppertaler Studienbibel zu Philipper 2 machen das deutlich:

> ... wie wir es auch fassen, *so* jedenfalls haben wir den Menschen Jesus in seinem ganzen Dasein auf Erden zu sehen: entleert, »Gestalt Gottes« in »Gestalt eines Sklaven«. ... So liegt das Kind in der Krippe: Er, in Gestalt Gottes wesend ein hilfloses, schwaches Kind wie alle Menschenkinder, völlig leer gemacht von aller Hoheit und Größe, der Windeln bedürftig. ... So kam Er, nicht als »Herr«, um

sich dienen zu lassen, sondern um zu dienen und Sein Leben hinzugeben. So tut Er das kleine Werk im Winkel Palästina unter dem widerspenstigen Israel und läßt sich die ganze Last des menschlichen Elends aufladen. So hängt Er am Kreuz, der Kleider beraubt, Hände und Füße festgenagelt, völlig entleert, völlig ein Sklave, dem nicht einmal der eigene Körper gehört, in absoluter Ohnmacht, eine wehrlose Beute der Schmerzen und des Todes - Er, der Gottes Macht und Herrlichkeit besaß. Aber nur, weil es *so* ist, ist dies Menschenleben und Sterben etwas total anderes als eines der ungezählten jammervollen Schicksale, das Menschen in dieser furchtbaren Welt zu erdulden haben. Dieses Menschenleben und dieses Sklavendasein und dieses Sterben ist in Freiheit gewählt, von Dem, dem das Sein gleich Gott zu Gebote stand. Darum ist es die Verherrlichung des Vaters durch den Sohn, darum ist es meine Rettung und die Erlösung der ganzen Welt. (aus: Werner de Boor, Die Briefe des Paulus an die Philipper und an die Kolosser)

Kein Wunder, daß Paulus schreibt:

Tut nichts aus Eigennutz oder um eitler Ehre willen, sondern in Demut achte einer den andern höher als sich selbst, und ein jeder sehe nicht auf das Seine, sondern auch auf das, was dem andern dient. Seid so unter euch gesinnt, wie es auch der Gemeinschaft in Christus Jesus entspricht: Er, der in göttlicher Gestalt war, hielt es nicht für einen Raub, Gott gleich zu sein, sondern entäußerte sich selbst und nahm Knechtsgestalt an, ward den Menschen gleich und der Erscheinung nach als Mensch erkannt. Er erniedrigte sich selbst und ward gehorsam bis zum Tode, ja zum Tode am Kreuz. (Phil 2,3-8)

Das Aufgeben der Herrlichkeit, zu der ihn seine göttliche Natur berechtigte, scheint mir das Unglaublichste an der Demütigung Christi zu sein. Sein Gehorsam ermöglichte es ihm, alles zu tun, was dem Vater gefiel, ohne Rücksicht darauf, wie »das aussehen würde«. Er, den die Engel ununterbrochen angebetet hatten, wurde ein Sklave der Menschen. Er predigte, lehrte, heilte die Kranken und weckte die Toten auf, und diesen Teil seines Dienstes würden wir auch gerne übernehmen, wenn Gott dies von uns forderte. An diesen Taten konnten die Menschen erkennen, daß er *Gott* war. Aber Jesus lief auch meilenweit in staubiger Hitze. Er heilte, und die Menschen vergaßen, ihm zu danken. Er wurde von der drängenden Menge bestürmt und verfolgt, wurde müde und hungrig und durstig. Er wurde beobachtet und »bespitzelt« und von den argwöhnischen, neidischen und selbstgerechten religiösen Führern gefangengenommen, und schließlich wurde er ausgepeitscht, bespuckt und entblößt. Nägel wurden durch seine Hände getrieben. Er verzichtete auf das Recht (bzw. die Ehre), öffentlich wie Gott behandelt zu werden.

Wenn wir eine »Arbeitsplatzbeschreibung« für einen Retter schreiben sollten, welche Eigenschaften würden wir auf die Liste setzen? Wenn wir danach fragen, was der Wille des Vaters für den Retter der Welt war, dann erfahren wir auch, was unter Umständen auf seine Nachfolger zukommt. Wir hätten sicherlich kaum von ihm erwartet, daß er an einer Dorfhochzeit teilnimmt, in den verschiedensten Häusern verkehrt, kleine Kinder, die seinen Jüngern nur lästig waren, auf den Arm nimmt oder eine Frau heilt, die nicht zu den »verlorenen Schafen« Israels zählte.

Ich denke zum Beispiel an die »Arbeitsplatzbeschreibung« eines Missionars. Mein Bruder Dave und ich diskutierten einmal über die wichtigste Eigenschaft eines Missionars. Dave hat schon sein ganzes Leben lang mit Missionen und Missionaren zu tun, und deshalb war für ihn sofort klar, daß die wichtigste Eigenschaft Flexibilität sein mußte. Ich hatte an Demut gedacht, aber als wir darüber sprachen, wurde mir bewußt, daß es eigentlich auf das Gleiche hinausläuft.

Ein Missionar muß demütig genug sein, um flexibel zu sein. Heute sind die jungen Kandidaten oft so gut ausgebildet, daß sie sich für die Arbeiten, die getan werden müssen, überqualifiziert fühlen. Die meisten Missionsstationen brauchen dringend Leute, die bereit sind, alles zu tun, was gerade anfällt. Es ist prima, wenn sich jemand für den Dienst zur Verfügung stellt, aber er sollte sich nicht auf eine bestimmte Art des Dienstes festlegen. Wir sind gesandt, um zu dienen, und nicht, um bedient zu werden.

Ich ging nach Ecuador, um an einer Bibelübersetzung zu arbeiten: das ist eine Arbeit, die wirklich sehr wichtig ist. Dazu jedoch mußte ich zuerst ungeschriebene Sprachen lernen. Und dafür mußte ich viel Zeit mit den Menschen verbringen, die diese Sprache sprachen und die nicht am geringsten an einer Bibelübersetzung interessiert waren. Um mit ihnen Zeit zu verbringen, mußte ich tun, was sie taten, sitzen, wo sie saßen, essen, was sie aßen, mich sehr bemü-

hen zu denken, was sie dachten (bis zu einem bestimmten Punkt!).
Ich mußte auch leben. Das Leben nahm viel Zeit in Anspruch unter
für mich manchmal harten Bedingungen. Ich brauchte eine Gaso-
linlampe, so daß ich kostbare Zeit damit verbrachte, die Gene-
ratoren zu reinigen oder die Glühstrümpfe auszuwechseln oder die
Lampen nachzufüllen. »Missionsarbeit«? Ja, zwangsläufig!

Ich war nicht medizinisch ausgebildet, aber wenn man feststellt,
daß man der einzige weit und breit ist, der bereit ist, sich die Hände
und manchmal auch die Kleidung mit Blut zu bespritzen, der weiß,
wie man eine Spritze gibt oder Wurmmedizin verabreicht, dann tut
man das schließlich auch. Und möchte man auch nur einen Hauch
von Zivilisation in seinem Leben haben, führt man Bettwäsche,
Start- und Landebahnen, Moskitofenster und vielleicht einen Kero-
sin-Kühlschrank ein. Und dann stellt man fest, daß man nicht etwa
an einem Schreibtisch sitzt und Vokabelkarteien sortiert oder sich
eine Übersetzung von »Am Anfang war das Wort« ins Quichuani-
sche überlegt, sondern daß man flach auf dem Bauch liegt und den
dampfenden Kühlschrank anstarrt und sich überlegt, was zu tun ist,
ehe alle Lebensmittel in der tropischen Hitze verderben. Oder man
wäscht Leinentücher oder bringt jemand anderem bei, wie man sie
wäscht. Man ist der Vorarbeiter auf einer Baustelle und hofft, daß
man die 25 Frauen und Männer dazu bringen kann (die Hitze macht
dem *Missionar* zu schaffen, nicht den Eingeborenen), die Macheten
(lange, gebogene Haumesser) so lange zu schwingen, bis eine für ein
Missionsflugzeug geeignete Landebahn entstanden ist. In der Lauf-
bahn eines Missionars taucht dann recht bald die Frage auf (auch
jeder Jünger stellt sie sich): »Wo ist denn hier nun mein ›Platz‹?«

Wo war der Platz Jesu? Er hatte den Platz eines Dieners, eines
Sklaven. Wie ich mit anderen umgehe, hängt von meinem Verhältnis
zu Jesus ab.

Zuerst mag die Position eines Missionars die des Stärkeren sein,
der den Schwächeren ehrt, zu dem er geht; die Position eines
Wohltäters gegenüber einem Nutznießer. Aber das ändert sich
schnell. Ich war mir wohl bewußt, daß ich in den Augen der Indianer
eine Fremde, eine Kuriosität und eine Belastung war. Da ich im
Dschungel hilflos war, völlig unwissend und scheinbar zurückge-

blieben hinsichtlich ihrer Sprache und da ich nichts besaß, was von großem Nutzen für sie gewesen wäre, befand ich mich ganz sicher nicht in einer Machtposition. Als wir jedoch anfingen, ihnen die Bibel in ihrer eigenen Sprache zu geben und sie dem Wort glaubten und begannen, ihm zu gehorchen, erkannten sie den Grund für unsere Anwesenheit bei ihnen und erwarteten Führung von uns. Damit änderte sich unsere Lage, und wir waren in einer Position der Autorität. Bald jedoch übergaben wir ihnen die »Zügel« und lernten, sie nicht länger als die Schwächeren zu ehren, sondern als Menschen, die vor Gott geistliche Verantwortung trugen. Einen Platz aufzugeben und einen anderen einzunehmen, an einer wachsenden Gemeinde weiter mitzuarbeiten, aber unter ihrer Autorität, das erfordert eine wahrhaftige und genaue Einschätzung der eigenen Platzanweisung und setzt den festen Willen voraus, nur Gottes Ehre zu suchen.

Ich konnte diese Tatsache leichter verstehen, als ich mir klarmachte, daß ich ein Tonkrug war. In den Häusern der Indianer sah ich viele Tonkrüge stehen. Es gab sie überall; sie waren aus dem Material gemacht, das man in fast jedem Fluß fand, und deshalb waren sie leicht zu ersetzen. Was sich in ihnen befand, war viel wichtiger als die Krüge selbst. Und genau so ein Krug war ich, aus ganz gewöhnlichem Material, leicht zu ersetzen, aber in mir trug ich einen »kostbaren Schatz«, das Leben Christi (2. Kor 4,7). Nur wenn ich in Hingabe an diesen Christus lebte, konnte ich die anderen ehren und ihnen den Platz einräumen, der ihnen gebührte.

Eine der Freuden im Himmel wird sicherlich sein, daß wir den Platz, den andere haben, von ganzem Herzen bejahen und dafür danken, denn wir werden nicht mehr nach unserer eigenen Stellung, unserer Ehre oder unseren Rechten fragen, sondern nur noch auf die Macht, den Ruhm und die Ehre des Lammes auf dem Thron sehen.

Meine Zeit steht in deinen Händen

Sie ist nicht verloren, die mit Gott gelebte Zeit. Von ihm gesäte
Jahre wachsen in die Ewigkeit.   Manfred Siebald

In diesen Zeilen sind zwei alte Auffassungen über die Zeit wun-
derbar zusammengefaßt. Eine Vorstellung wird in dem griechischen
Wort »Chronos« ausgedrückt und bezieht sich auf »die mit Gott
gelebte Zeit«, also auf das Empfinden von Dauer und zeitlicher
Abfolge. Der andere Begriff, »Kairos«, ist, wie Dr. James Houston
es ausdrückt, »verwertete Zeit« und bedeutet Zeit als Mittel und als
Ziel. Das sind die »von ihm gesäten Jahre«. »Der Mensch muß sich
selbst im Licht der Ereignisse als *kairos*relevant sehen, und hoffent-
lich erkennt er, daß er im Kontext einer größeren Wirklichkeit als
seiner eigenen Zeitlichkeit, des *Chronos*, steht.«

Daß ich meine Zeitlichkeit nur im Zusammenhang der Ewigkeit
verstehen kann, drückt auch eine Liedstrophe von Jochen Klepper aus:

> Der du allein der Ew'ge heißt
> und Anfang, Ziel und Mitte weißt
> im Fluge uns'rer Zeiten:
> bleib du uns gnädig zugewandt
> und führe uns an deiner Hand,
> damit wir sicher schreiten!

Nichts entgeht der Fürsorge und Aufmerksamkeit des liebenden
Schöpfers aller Dinge. Sollte ich also irgendein Detail meines irdischen Daseins, und sei es nur eine Minute meiner Stunden, für
bedeutungslos halten? Wie kann ich mich vor meinem Herrn für
meine Zeit verantworten?

Ich wurde in dem Glauben erzogen, daß es eine Sünde ist, zu spät
zu kommen. Meine Eltern lehrten uns, daß wir, wenn wir andere

auf uns warten lassen, ihnen etwas von ihrem kostbarsten Besitz stehlen. Zeit ist ein *Geschöpf* – etwas *Geschaffenes* und eine Gabe. Wir können sie nicht vermehren. Wir können sie nur empfangen und treu verwalten.

»Ich habe keine Zeit« ist wahrscheinlich oft eine Lüge, die ein »ich will nicht« verdeckt. Wir *haben* Zeit – 24 Stunden täglich und sieben Tage in der Woche. Jeder von uns hat den gleichen Anteil. »Wenn der Präsident in 24 Stunden das Land regieren kann, wirst du ja wohl noch dein Zimmer in der gleichen Zeit aufräumen können!« sagte eine Mutter zu ihrem halbwüchsigen Sohn. Natürlich sind die an unsere Zeit gestellten Anforderungen unterschiedlich, und an diesem Punkt muß sich der Jünger an seinen Herrn wenden: »Was willst du, daß ich tun soll, Herr?« Wir können uns darauf verlassen, daß genug Zeit für *alles* vorhanden ist, was Gott von uns möchte.

Wenn wir bis über beide Ohren in Arbeit stecken, denken wir kaum über *Kairos* nach und erleben *Chronos* nur als Stunden, die uns schneller zwischen den Fingern zerrinnen, als wir denken können. Erst wenn es um uns herum still wird, werden wir uns dessen bewußt, daß die Minuten langsam verstreichen. Dann haben wir vielleicht die Gelegenheit, über ihre tiefere Bedeutung im Licht der Ewigkeit nachzudenken.

Dieses Kapitel schreibe ich in einer Phase der Ruhe. Das tut deshalb besonders gut, weil ihr drei anstrengende Reisewochen durch England vorausgegangen sind – 3.000 Kilometer, viele Sitzungen, fast jede Nacht ein anderes Bett, zahllose Tassen Tee. Wenn ich morgens aufwachte, wußte ich oft erst gar nicht, wo ich war. »Mal überlegen, – ist heute Donnerstag? Dann muß ich in Sheffield sein.«

Letzte Nacht träumte ich von einer Veranstaltung, bei der ich meinen Vorrednern zuhörte und mir schon in Gedanken meinen eigenen Vortrag zurechtlegte. Dann fiel mir plötzlich im Traum ein, daß ich gar keinen Vortrag halten mußte, und daß ich jederzeit aufwachen könnte, wenn ich wollte, und das tat ich dann auch. Mit großer Erleichterung stellte ich fest, daß ein langer, ruhiger Tag vor mir lag, an dem ich vor niemandem einen Vortrag zu halten brauchte.

Ich würde sogar überhaupt nicht zu sprechen brauchen. Ich bin allein in meiner *norwegischen Hütte*. Kein Telefon wird klingeln, keine Post kommen. Die Zeit liegt als großes Ganzes vor mir, ohne vorherzusehende Unterbrechungen. Kein Wecker, keine Morgennachrichten, keine Mahlzeiten zu einer bestimmten Uhrzeit, da Lars, wenn er hier ist, angelt. Ich weiß nie, ob es Fisch zum Essen gibt oder nicht und wann wir uns zum Essen setzen. Lars geht weg, manchmal über Nacht, und besucht Verwandte oder besichtigt Orte, an denen er aufgewachsen ist, während ich allein hier bleibe. Es gibt wenig zu putzen oder zu kochen. Es ist ein Segen, »Zeit zu haben«.

Man hat hier ein ganz anderes Zeitgefühl, weil der Tag viel länger dauert. Im Juni scheint die Sonne unwillig, überhaupt unterzugehen. Sie hängt hoch am westlichen Himmel über dem Wasser, und wenn es Nacht über uns sein sollte, ist die Sonne nur ein klein wenig unterhalb des Horizontes gerutscht, wo sie parallel zu den niedrigen Hügelketten entlangrollt. Wenn ich um Mitternacht aufwache, stelle ich mich an das große Aussichtsfenster und sehe über den Fjord. Der Himmel ist von einem seltsamen Glanz erleuchtet wie an einem sturmüberschatteten Nachmittag. Ich brauchte noch nie Licht zu machen, es gibt also keine »Zeichensetzung« für Abend oder Morgen.

Sonnenaufgang, Mittag, Sonnenuntergang, Mitternacht. Sonntag, Montag, Dienstag und Mittwoch. Januar, Mai, September. Winter, Frühling, Sommer, Herbst. Ostern, Erntedank, Weihnachten. Ist es nicht eine wunderbare Gnade, daß Gott diese »Satzzeichen« der Zeit geschaffen und das Licht von der Finsternis geschieden hat? Daß »aus Abend und Morgen der erste Tag« wurde? Sechs Tage, und ein Tag der Ruhe. Monde, die zu- und abnehmen. Jahreszeiten, die kommen und gehen.

»Ein jegliches hat seine Zeit, und alles Vorhaben unter dem Himmel hat seine Stunde« (Pred 3,1), schrieb Kohelet, der Verfasser des Buches »Prediger«. Denn geboren werden und sterben, pflanzen und ausreißen, töten und heilen, abbrechen und bauen, weinen und lachen, klagen und tanzen, Steine wegwerfen und Steine sammeln, herzen und aufhören zu herzen, suchen und verlieren, behalten und wegwerfen hat seine Zeit. Es gibt Zeiten für das Schweigen und das Reden, das Lieben und das Hassen, für den Krieg und für den Frieden. »Ich sah die Arbeit, die Gott den Menschen gegeben hat, daß sie sich damit plagen. Er hat alles schön gemacht zu seiner Zeit, auch hat er die Ewigkeit in ihr Herz gelegt; nur daß der Mensch nicht ergründen kann das Werk, das Gott tut, weder Anfang noch Ende« (Pred 3,2-11).

Wenn das Leben nicht mehr ist als eine endlose Kette von Minuten, die in Stunden zusammengebunden sind, wenn jegliches Verständnis für das Handeln Gottes von Anfang bis Ende fehlt, sind Langeweile und Zynismus vorprogrammiert, wie es in einem Gassenhauer zum Ausdruck kommt:

> Ist die Tür auf, kommen Fliegen herein,
> Ist die Tür zu, schwitze ich wie ein Schwein.
> Ist das Leben nicht öde?

Für uns Christen gewinnt die Zeit eine neue Dimension, wenn wir sehen, wie sie in der Liebe Gottes gehalten wird und daran denken, daß sie von und für Jesus Christus geschaffen wurde. Er ist der Herrscher über alles Geschaffene, er existiert vor allem, und er hält alles zusammen. Wenn wir in die Vergangenheit sehen, erkennen wir Gottes beständiges Handeln in der Geschichte des Menschen, in den er die Willensfreiheit gegeben hat. Auch die Zukunft gehört Gott und birgt für uns die Hoffnung der Erlösung. Uns ist die Gegenwart gegeben, in der wir wählen können, wem wir dienen wollen, in dem Bewußtsein, daß dieser Augenblick sich auf den nächsten auswirkt und daß wir dafür verantwortlich sind. Psalm 90 drückt aus, wie der Mensch die Zeit und ihre furchterregende Geschwindigkeit und ihren Ernst empfindet, und sieht gleichzeitig voll Hoffnung auf die Zeitlosigkeit Gottes und die Verheißung einer frohen Zukunft:

> Du, Gott, warst schon, bevor die Berge geboren wurden ... Für dich sind tausend Jahre wie ein Tag, wie gestern – im Nu vergangen, so kurz wie eine Stunde Schlaf. ... sie verschwinden wie morgens früh ein Traum. ... unser Leben ... ist so flüchtig wie ein Seufzer. Vielleicht leben wir siebzig Jahre, vielleicht sogar achtzig – doch selbst

die besten Jahre sind Mühe und Last! Wie schnell ist alles vorbei, und wir sind nicht mehr! Laß uns erkennen, wie kurz unser Leben ist, damit wir zur Einsicht kommen! Laß uns jeden Morgen spüren, daß du zu uns hältst, dann sind unsere Tage erfüllt von Jubel und Dank. Viele Jahre hast du Not und Unglück über uns gebracht: Gib uns nun ebenso viele Freudenjahre! (Auszüge aus Psalm 90, Gute Nachricht)

Wenn wir uns daran erinnern, wie Gottes Zeitplan in den großen Geschichten der Bibel dargestellt wird, bekommen wir eine neue Gelassenheit. Ereignisse, die die Welt als bloßen Zufall abtun würde, erweisen sich als vom Herrscher der Zeit genauestens aufeinander abgestimmt. Als Abrahams Knecht sich aufmachte, um eine Frau für Isaak zu suchen, hielt er mit seinen Kamelen draußen vor der Stadt an und betete darum, zu dem richtigen Mädchen geführt zu werden. Noch ehe er sein Gebet beendet hatte, stand sie vor ihm.

Als Rut hinter den Schnittern herlief, um Ähren zu lesen, »stellte es sich heraus«, daß das Feld Boas gehörte, und sie tauchte genau zu dem Zeitpunkt auf seinem Feld auf, als er gerade aus Betlehem kam. Er wurde ihr »Löser«.

Als der junge David seinen kämpfenden Brüdern den Proviant brachte, kam er in dem Moment im Lager an, als die feindlichen Philister das Kriegsgeschrei erhoben. David lief zu den Schlachtreihen und kam gerade rechtzeitig, um zu hören, wie Goliat, der Riese von Gat, seine Drohung ausstieß: »Ich habe heute dem Heere Israel hohngesprochen, als ich sagte: Gebt mir einen Mann und laßt uns miteinander kämpfen« (1. Sam 17,10). Und obwohl David noch ein Kind und »bräunlich und schön« war, besiegte er Goliat im Namen des Herrn der Heerscharen mit einem Stein seiner Schleuder.

An einer Stelle im zweiten Buch der Könige wird ein seltsamer und erstaunlicher »Glücksfall« erzählt. »Als aber Elisa gestorben war und man ihn begraben hatte, fielen streifende Rotten der Moabiter ins Land Jahr um Jahr. Und es begab sich, daß man einen Mann zu Grabe trug. Als man aber einige Leute von ihnen sah, warf man den Mann in Elisas Grab. Und als er die Gebeine Elisas berührte, wurde er lebendig und trat auf seine Füße« (2. Kön 13, 20-21).

Als Jesus Petrus und Johannes schickte, um das Passamahl vorzubereiten, sollten sie das Haus, in dem Jesus feiern wollte, dadurch finden, daß sie einem Mann folgten, der einen Wasserkrug trug und dem sie beim Betreten der Stadt begegnen würden. Es geschah alles genau so, wie Jesus es gesagt hatte.

Der Engel des Herrn sandte Philippus rechtzeitig auf die Straße von Jerusalem nach Gaza, damit er den äthiopischen Schatzmeister traf. Dieser las in seinem Wagen »zufällig« eine bestimmte Passage in einem bestimmten Buch, die Philippus ihm »zufällig« erklären konnte. Der Mann wurde gläubig.

»Meine Zeit steht in deinen Händen« (Ps 31,16) ist Teil meines Lebens geworden. Wenn der Herr mich eine qualvolle Zeitlang auf eine bestimmte Entscheidung warten läßt, haben diese Worte mir Frieden geschenkt. Seine Zeitplanung ist immer vollkommen, obwohl mir das selten so erscheint, denn ich gehöre zu denen, die immer gerne vorher wissen, was auf sie zukommt.

> »Harre des Herrn! Sei getrost und unverzagt und harre des Herrn!«
> (Ps 27,14) ist ein Wort, das ich oft brauche.

Nach einer Abendveranstaltung, in der ich darüber gesprochen hatte, daß Gottes Führung einem von ihm bestimmten Zeitplan folgt, sagte eine Frau zu mir: »Ich weiß genau, was Sie meinen. Das ist auch meine Erfahrung. Als ich mich für den Dienst in der Mission zur Verfügung stellte, erwartete ich von Gott, daß er mir sofort zeigen würde, wo er mich haben wollte. Er tat es nicht. Ich wartete und betete, betete und wartete, und wollte unbedingt eine Antwort haben. *Warum* sagte er mir nichts? *Warum* muß ich warten? Ich war als Ernährungswissenschaftlerin ausgebildet und konnte mir nicht vorstellen, daß dieser Beruf auf dem Missionsfeld von großem Nutzen sein würde. Achtzehn Monate, nachdem ich mich für den Missionsdienst entschieden und intensiv gebetet hatte, kam eine Missionarin von der Bibelschule. Am Ende ihres Vortrags sagte sie: »Und wir bitten euch um euer Gebet, daß Gott uns eine Ernährungswissenschaftlerin nach Indien schickt.« Da sagte der Herr ganz direkt zu mir: ›Das bist du, Linda. Melde dich!‹, und sechs Monate später war ich in Indien.«

»Meine Zeit steht in deinen Händen.« Recht oft scheint sie in den Händen anderer Leute zu sein. Wenn ich mich nach Stille sehne und nicht gestört werden will, klingelt das Telefon, kommt Besuch oder flattert Post ins Haus, auf die man sofort reagieren muß. Ob diese Unterbrechungen auch für den Herrn überraschend kommen? Sind sie nicht, genau wie die geplanten Dinge, Teil dessen, was uns zum Besten dienen muß?

Als ich an einem Frühlingsabend einmal in einem kleinen Flugzeug über eine ländliche Gegend flog, war ich davon beeindruckt, was für schöne Muster das Pflügen der Äcker verursacht hatte. Überall gab es unterschiedliche Schattierungen der Erde und des Grüns, Kreise und Streifen und Kurven meilenweit. Die hübschesten Muster entstanden jedoch durch Unterbrechungen: hier ein Baum, dort ein Teich, ein Hügel, ein Fels, ein Fluß. Jedesmal, wenn der Pflug auf ein solches Hindernis gestoßen war, hatte er eine Kurve geschlagen.

»Herr, wenn Unterbrechungen kommen, scheint es, als ob mir die Zeit, die ich so gut geplant hatte, zwischen den Fingern zerrinnt. Hilf mir, daran zu denken, daß sie dir nicht aus der Hand gleitet. In deinen Händen wird all das Unvorhergesehene zu einem unvorhersehbar schönen Muster.«

Unsere Aufgabe hier auf der Erde ist, Gott zu verherrlichen. Das war auch Jesu Aufgabe. Wie hat er sie erfüllt? Kurz vor seiner Kreuzigung sagte er zum Vater: »Ich habe dich verherrlicht auf Erden und das Werk vollendet, das du mir gegeben hast, damit ich es tue« (Joh 17,4).

Jesu Zeit wurde ständig beansprucht. Die Menschen bedrängten ihn mit ihren Nöten, so daß er und seine Jünger noch nicht einmal Zeit hatten zu essen. Er mußte in die Berge gehen, um allein zu sein und zu beten. Manchmal machten seine Jünger es ihm zum Vorwurf, daß er nicht verfügbar war, wenn man ihn brauchte. Überall, wo er hinging, muß es Menschen gegeben haben, die geheilt werden wollten und die wegen der Menschenmassen nicht zu ihm durchdringen konnten, oder die zu spät erfahren hatten, daß Jesus von Nazareth vorbeikam, oder die niemanden hatten, der sie trug oder den sie schicken konnten, um ihn zu sich zu bitten. Wie viele »wenn doch nur« muß er hinter sich gelassen haben und wieviel mehr »hätte ›er‹ tun können«. Es muß auch Dinge gegeben haben, die Jesus in diesen drei vollgepackten Jahren seines öffentlichen Auftretens selbst gern getan hätte, aber er war ein Mensch und deshalb an zeitliche und örtliche Beschränkungen gebunden. Trotzdem nahm er sich Zeit auszuruhen: Er zog sich in die Berge zurück, um alleine zu beten, oder manchmal ging er mit seinen Jüngern an einsame Orte, wo sich keine Menge um sie drängte. Und doch war er in der erstaunlichen Lage, sagen zu können: »Ich habe ... das Werk vollendet, das du mir gegeben hast, damit ich es tue« (Joh 17,4). Das bedeutet nicht, daß er alles tat, was er sich hätte vorstellen können oder was andere von ihm erbaten. Er beanspruchte nicht, alles getan zu haben, was er tun wollte. Er beanspruchte, getan zu haben, was ihm *gegeben* war.

Das ist ein wichtiger Hinweis für uns. Das Werk des Vaters ist festgesetzt. Was dem Sohn zu tun gegeben war, entsprach dem Willen des Vaters. Was uns zu tun gegeben ist, entspricht ebenfalls seinem Willen.

Die Zeit reicht immer, um den Willen Gottes zu tun. Deshalb können wir niemals sagen: »Ich habe keine Zeit.« Wenn wir verzweifelt, frustriert, ausgelaugt, unter Druck und gestreßt sind, ist das ein Zeichen, daß wir nach unserem eigenen und nicht nach Gottes Zeitplan leben.

In einem Brief bat ich eine Freundin, für mich zu beten und nannte ihr eine ganze Liste von Anliegen. Es waren sehr viele, und ich hatte das Gefühl, gar nicht alles bewältigen zu können.

»Ich bete in diesen Tagen für dich: ›Deine Liste geschehe‹«, schrieb sie mir zurück. Das ist ein gutes Gebet für einen Jünger. Zwar bin ich immer sehr dafür, Listen von allen Dingen zu machen, die getan werden müssen (und vor allem die erledigten Punkte dann triumphierend abzuhaken), aber diese Listen müssen täglich vor dem Herrn geprüft werden. Wir müssen ihn bitten, alles zu streichen, was nicht auf seiner Liste für uns steht, damit wir, bevor wir zu Bett gehen, sagen können: »Ich habe das Werk vollendet, das du mir zu tun gegeben hast«.

»*Meine* Last ist leicht«, sagte Jesus. Es ist die Anhäufung von Lasten, die Gott nie für uns bestimmt hat, die uns niederdrückt. Lernen Sie, nein zu sagen. Viele engagierte Christen stellen fest, daß sie »freie« Zeit einplanen müssen – Zeit zur Stille, Zeit zum Bücherlesen, Zeit für die Familie. Wer das nicht tut, dessen Zeit fällt leicht den Ansprüchen anderer zum Opfer. Es ist nicht unehrlich zu sagen: »Tut mir leid. Dieser Abend ist belegt.« Wenn dieser Abend für Stille oder für die Familie freigehalten wurde, dann steht er für andere Aktivitäten nicht zur Verfügung.

»Meine Zeit«, die in Gottes Händen steht, verbringe ich in diesen Tagen mit vielen Reisen. Lars und ich beten für unseren Zeitplan und erbitten vom Herrn Weisheit, daß wir die Zeit fürs Reisen und die Zeit zu Hause richtig einteilen können. Es ist nicht leicht, bei einer Einladung zur Verlobung achtzehn Monate im voraus zu wissen, ob man dorthin kommen kann oder nicht. Da sind wir völlig auf den Herrn angewiesen, der von Anfang an das Ende sieht, und können nur darauf vertrauen, daß er uns bei unseren Antworten leitet. Jedes Jahr versuche ich, etwas vernünftiger zu sein und zwischen den Reisen Luft für andere wichtige Dinge zu lassen, und jedes Jahr scheint es noch schwieriger zu werden, die Verpflichtungen zu sichten und sich richtig zu entscheiden. Wenn wir von einer Reise nach Hause kommen, ist es oft spät abends. Wir packen unsere Koffer aus und gehen ins Bett, ohne der Versuchung nachzugeben, zu telefonieren oder die Post zu öffnen. Am nächsten Morgen beginnt die Routine: Briefe öffnen, Briefmarken ausschneiden für die Briefmarkenmission, Post lesen und in zwei Stapel sortieren: sofort zu beantworten (Geschäftspost, Einladungen, Rechnungen, usw.), später zu beantworten (private Post). Dann Schreibtisch aufräumen, Wäsche waschen, Hausputz, Einkaufen, Post beantworten, Brot backen, Haare waschen, Mutter besuchen, Freunde anrufen. Versuchen zu schreiben, denken, lesen und beten – ehe die Koffer wieder gepackt werden.

Niedergeschlagenheit ist nicht der Wille Gottes für uns. Dessen können wir uns ganz sicher sein. Wir haben genügend Zeit, all das zu tun, was er von uns möchte. Gehorsam paßt problemlos in den Rahmen, den er für uns gesteckt hat. Was sicherlich nicht hineinpaßt, ist Sorge. Dafür gibt es sechs Gründe:

1. Sorge führt zu überhaupt nichts. Konnten Sie schon jemals irgend etwas einfach dadurch erreichen oder verhindern, indem Sie sich darum sorgten? Wofür ist Sorge überhaupt gut?

2. Sorge ist nicht nur fruchtlos, sondern etwas viel Schlimmeres: Ungehorsam. Beachten Sie die Gebote:

> »Entrüste dich nicht« (Ps 37, 1.7.8). »Fürchte dich nicht!« (Offb 1,17). »Euer Herz erschrecke nicht und fürchte sich nicht« (Joh 14,27). »... entsetze dich auch nicht...« (Hes 3,9). »... seid getrost ...« (Joh 16,33).

3. Die Sorge reißt etwas an sich, was noch nicht gegeben ist, z.B. das Morgen. Wir sollen uns nicht um den nächsten Tag sorgen. Wir dürfen für das Morgen planen, aber wir dürfen uns nicht darum sorgen. Die Sorgen des heutigen Tages sind Last genug. Jesus wußte genau, wovon er sprach, als er das sagte.

4. Die Sorge verweigert das Gegebene. Die Aufgaben des heutigen, nicht des morgigen Tages, sind die Verantwortung, die Gott uns in seiner Weisheit im richtigen Maß aufgetragen hat. Oft vernachlässigen wir das, was uns für diesen Augenblick aufgetragen ist, weil wir uns um etwas sorgen, was uns im Moment nichts angeht. Es geschieht so leicht, daß wir einem Menschen, der uns braucht, sei es ein Freund, der Mann oder ein Kind , nur die Hälfte unserer Aufmerksamkeit widmen, weil sich die andere Hälfte um etwas sorgt, was noch in der Zukunft liegt.

5. Sorge ist das Gegenteil von Vertrauen. Man kann einfach nicht beides tun. Sie schließen sich aus.

6. Sorge ist eine schlimme Form der Zeitverschwendung (sowie auch unserer Kraft).

Wenn wir unsere Zeit und Kraft in die Sorge investieren, fehlt sie uns für andere Dinge: ein fröhliches Lied im Herzen, für Gebet mit Danksagung, für die Zeit zum Zuhören, wenn das Kind von der Schule erzählt, für die Einladung eines einsamen Menschen zum Abendessen, für die Ruhe, sich ohne Zeitdruck mit dem Ehepartner zu unterhalten, für einen kurzen Brief an jemanden, der Zuspruch braucht. Jeder wünscht sich mehr Freizeit. Das Problem ist aber nicht, daß wir zu wenig davon haben, sondern daß wir zuviel davon *schlecht nutzen.* Die Sonntagszeitungen, fast alle Zeitschriften und fast alle Fernsehprogramme sind eine grenzenlose Zeitverschwendung.

> Jesus ruft uns: »Kommt her zu mir, alle, die ihr mühselig und beladen seid; ich will euch erquicken. Nehmt auf euch mein Joch und lernt von mir; denn ich bin sanftmütig und von Herzen demütig; so werdet ihr Ruhe finden für eure Seelen« (Mt 11,28f.).

Wie sollen wir zu ihm kommen? Zuerst im Glauben - damit wir gerettet werden. Dies ist der allererste, unerläßliche Schritt. Aber wer sein Vertrauen einmal in den Herrn gesetzt hat, muß täglich zu ihm kommen, um Sanftmut und Demut von ihm zu lernen. Zeitmanagement, inzwischen eine hochentwickelte Wissenschaft, beginnt für den Christen damit, daß er Zeit für Gott reserviert. Wenn diese Zeit fehlt, fehlt auch die Gelassenheit, alles andere in die richtige Reihenfolge zu bringen.

Das Leben Daniels veranschaulicht die Disziplin der Zeiteinteilung. Er hielt regelmäßige Gebetszeiten ein. König Darius erließ eine Verordnung, daß jeder, der in den nächsten Tagen etwas von irgendeinem Gott oder Menschen außer ihm selbst erbäte, in die Löwengrube geworfen würde.

Wir können uns Daniels Erstaunen vorstellen. Sollte er zu einer anderen Zeit beten? Oder weniger häufig? Das Gebet ganz aufgeben? Einen weniger auffälligen Ort zum Beten aufsuchen? Oder eine unauffällige Gebetshaltung einnehmen?

Seine Feinde suchten einen Angriffspunkt gegen ihn, und den fanden sie ohne Schwierigkeiten.

> »Als nun Daniel erfuhr, daß ein solches Gebot ergangen war, ging er hinein in sein Haus. Er hatte aber an seinem Obergemach offene Fenster nach Jerusalem, und er fiel dreimal am Tag auf seine Knie, betete, lobte und dankte seinem Gott, wie er es auch vorher zu tun pflegte« (Dan 6,11).

Daniel war eine leichte Beute, aber seine eigene Haut zu retten war ihm nicht halb so wichtig wie sein Dienst für Gott. Gebet war für ihn unverzichtbar, deshalb war er auch bereit, sich dabei ertappen zu lassen.

Ich möchte nun noch kurz etwas zu der wichtigsten Zeit des Tages sagen: die Zeit, die wir allein mit dem Herrn verbringen.

1. Machen Sie diese Zeit zu einer regelmäßigen Verabredung. An mindestens fünf Tagen in der Woche sollten Sie eine bestimmte Zeit für Einsamkeit und Stille finden. Für den Anfang reichen schon 10 Minuten. Sie werden überrascht sein, wie schnell die Zeit vergeht, und bald werden Sie mehr Zeit einplanen müssen.

2. Suchen Sie sich einen bestimmten Platz, an dem Sie allein sein können, eine kleine Kammer, das Bad oder das Auto in der Garage.

3. Schließen Sie in ihr Gebet Anbetung, Danksagung, Sündenbekenntnis, Bitte (einschließlich der Bitte, daß Gott in ihrer Stillen Zeit zu Ihnen sprechen möge) und Fürbitte (Gebet für andere) ein. Namenslisten sind für die meisten eine große Hilfe. Wenn mich Menschen bitten, für sie zu beten, schreibe ich mir die Namen auf, damit ich sie nicht vergesse.

4. Führen Sie ein geistliches Tagebuch und schreiben Sie auf, was Sie gelernt haben, welche Bibelstellen bei bestimmten Nöten eine Hilfe waren, wie Gebete erhört wurden. Das ist eine große Glaubensermutigung.

5. Lesen Sie in einer gewissen Reihenfolge einige Kapitel in der Bibel. Wenn Sie täglich drei und am Sonntag fünf Kapitel lesen, kommen Sie in einem Jahr durch die ganze Bibel. Manche lesen gerne jeden Tag zwei Kapitel des Alten und ein Kapitel des Neuen Testaments.

Für die meisten eignet sich der frühe Morgen am besten – nicht weil wir alle so gern früh aus dem Bett springen, sondern weil es die einzige Tageszeit ist, in der wir ziemlich sicher nicht unterbrochen werden, und weil es am besten ist, Gemeinschaft mit Gott zu haben, ehe wir anderen Menschen begegnen. Ihr Verhalten anderen Menschen gegenüber wird dann aus Ihrer Gemeinschaft mit Gott heraus bestimmt werden. Wenn wir Gott die erste Stunde des Tages geben, soll das ein Zeichen dafür sein, daß wir ihm unsere ganze Zeit weihen.

Haben, als hätten wir nicht

Rosalind Goforth erzählt in ihrer Biographie von der Zeit, die sie und ihr Mann als Missionare in China verbrachten. Einmal wurde ihnen von Banditen alles geraubt, was sie besaßen. Sie weinte. »Aber Liebes«, schalt sie ihr Mann Jonathan, »es waren doch nur *Dinge*!«

> »So auch jeder unter euch, der sich nicht lossagt von allem, was er hat, der kann nicht mein Jünger sein«, sagte Jesus (Lk 14,33).

Das ist eine harte Bedingung. Nur wenige von uns erfüllen sie wörtlich. Ich freue mich an materiellen Dingen. Selbst in der norwegischen Hütte, die vielen Europäern primitiv vorkommen würde, hatten wir großen Komfort. In der winzigen Küche gab es ein rostfreies Ausgußbecken, an dem nur die Wasserhähne fehlten. Es hatte einen Abfluß, der zu Plastikcontainern führte, die Lars alle paar Tage entleerte. Wir besaßen einen Gaskocher, auf dem wir unsere Mahlzeiten kochten und Wasser in einem großen orangenen Teekessel erhitzten; dieses warme Wasser benutzten wir für alles, zum Spülen wie auch zum Baden. In einem großen Behälter auf dem Dach sammelte sich das Regenwasser und wurde mit einem Eimer ins Haus geholt. Die Außentoilette war erstklassig mit Spitzengardinen am Fenster und Bildern an den Wänden. Jetzt bin ich aber wieder zu Hause und genieße es außerordentlich, ein gefliestes Bad und ein Küchenbecken mit Wasserhähnen zu besitzen. Heißes Wasser ist ein extravaganter Luxus, für den ich Gott oft danke. Oft müssen wir erst einmal etwas in einem gewissen Maße entbehren, bevor wir den Segen richtig schätzen können, den wir so leicht für selbstverständlich ansehen. Der Verlust materieller Dinge kann nicht mit dem Verlust eines geliebten Menschen verglichen werden, aber die meisten von uns haben schon beides erlitten. Hier befassen wir uns nur mit den Dingen. Einige Jahre nach dem Tod meines Mannes Jim ging ich einmal in ein Konzert in New York. Als ich später meine Glacéhandschuhe auszog, sah ich, daß ich den mit Diamanten besetzten Verlobungsring, den Jim mir geschenkt hatte, verloren hatte.

Ich ging sofort zurück und suchte mit der Hilfe eines Polizisten und dessen Taschenlampe die Sitzreihen ab, aber die Putzfrauen hatten bereits staubgesaugt. In Costa Rica wurde ich einmal um meine Brieftasche erleichtert, als ich sie eine Sekunde lang auf den Schaltertisch legte, um meinen Paß aus der Handtasche zu fischen. Der flinke Angestellte des Reisebüros hinter dem Schalter (sonst war keine Menschenseele in der Nähe) wollte nichts gemerkt haben und half mir eifrigst, danach zu suchen. Ich verlor ein Neues Testament, das Notizen von 19 Jahren enthielt. Zweimal wurde in mein Haus eingebrochen. Das erste Mal nahmen die Diebe nicht nur Ersetzbares mit wie den Fernseher, ein Radio und einen Kassettenrekorder, sondern auch das ganze Silber, das zum alten Familienbesitz gehörte. Nach dem zweiten Einbruch fragte ich mich, warum ich nicht schon früher auf die Idee gekommen war, ein Schild mit der Aufschrift zu hinterlassen: »Die Dinge, nach denen Sie suchen, sind bereits gestohlen worden - das Risiko, hier einzubrechen, lohnt sich kaum.« Eine meiner Freundinnen hatte eine bessere Idee. Sie legte ein kleines Schild in die Silberschublade: »Gott liebt Sie.« Nur wenige von uns sind mit so extremen Situationen vertraut, wie Paulus sie erlebte: »Ich kann niedrig sein und kann hoch sein; mir ist alles und jedes vertraut: beides, satt sein und hungern, beides, Überfluß haben und Mangel leiden« (Phil 4,12). Wer das Leben so mit allen Höhen und Tiefen kennengelernt hat, dem hat Gott reichlich Gelegenheit gegeben, die richtige Einstellung zum Besitz zu lernen. Die erste Lektion besteht in der Erkenntnis, daß alle Dinge *von Gott kommen.*

> »Irrt euch nicht, meine lieben Brüder. Alle gute Gabe und alle vollkommene Gabe kommt von oben herab, von dem Vater des Lichts« (Jak 1,16-17).

Oft sehe ich im Tiefblau des Himmels kurz vor Sonnenaufgang den Morgenstern leuchten. Im Zwielicht spiegelt das Meer manchmal die blaßrosa und osterglockengelben Farbschattierungen des Sonnenuntergangs wider. Wenn ich nachts aufwache, liege ich in einem mondlichtdurchfluteten Zimmer. Das Licht wird vom Meer und dann von der Glasoberfläche meines Schreibtisches am Fenster und vom Spiegel der Frisierkommode widergespiegelt. Bei Flugreisen habe ich auch schon Türme und Burgen im herrlichen Lichtspiel von Gewitterwolken gesehen. Was für eine Gabe ist doch das Licht des Himmels! Derselbe Vater, der es uns schenkt, gibt uns auch alle anderen guten und vollkommenen Gaben. Es ist in Gottes Natur zu geben. Er kann gar nicht anders als geben, genausowenig wie er umhin kann zu lieben. Wir können uns hundertprozentig darauf verlassen, daß er uns alles in der Welt gibt, was gut für uns ist, d. h. alles, was uns dabei hilft, das zu sein und zu tun, was er will. Was könnte ihn daran hindern?

> »Der auch seinen eigenen Sohn nicht verschont hat, sondern hat ihn für uns alle dahingegeben - wie sollte er uns mit ihm nicht alles schenken?« (Röm 8,32).

Die zweite Lektion besteht in der Erkenntnis, daß uns Dinge gegeben werden, *damit wir sie mit Danksagung empfangen.* Gott gibt. Wir empfangen. Auch Tiere tun das, aber auf eine direktere und einfachere Art:

> Dort ist ein Gewimmel ohne Zahl: klein und groß. Sie alle warten auf dich, daß du ihnen ihre Speise gibst zu seiner Zeit, Du gibst ihnen: sie sammeln ein. Du tust deine Hand auf: Sie werden gesättigt mit Gutem. (Ps 104, 25.27.28; Elberfelder).

Weil Gott uns die Dinge indirekt gibt, indem er uns befähigt, sie mit unseren eigenen Händen herzustellen (natürlich aus den Dingen, die er geschaffen hat) oder Geld zu verdienen, um sie zu kaufen, oder sie als Geschenk von einem anderen zu erhalten, neigen wir dazu zu vergessen, daß alles von ihm kommt.

> »Was hast du, das du nicht empfangen hast? Wenn du es aber empfangen hast, was rühmst du dich dann, als hättest du es nicht empfangen?« (1. Kor 4,7).

Unser Stolz auf uns selbst wird lächerlich, wenn wir daran denken, daß nicht nur unser Verstand, unsere Begabungen und die Möglichkeiten, etwas zu leisten, Geschenke von Gott sind, sondern auch die Luft, die wir atmen und die Fähigkeit, sie in unsere Lungen einzusaugen. Wir sollten dankbar sein. Dankbarkeit setzt voraus, daß man weiß, woher man etwas hat. Sie setzt auch voraus, daß man zufrieden ist mit dem, was einem gegeben wurde, und nicht unzufrieden über das, was einem nicht gegeben wurde. Sie schließt Habgier aus. Mit Güte und Liebe hat Gott die Gaben für uns ausgewählt und mit unserem Dank anerkennen wir sowohl die Gabe als auch den Geber. Die Habgier traut der Güte und der Liebe Gottes und selbst seiner Gerechtigkeit nicht: »Er hat mir nicht das gleiche gegeben wie einem anderen. Er merkt nicht, was ich brauche. Er liebt mich nicht so wie den anderen. Er ist nicht fair.« Der Glaube schaut mit offenen Händen nach oben. »Das gibst du mir, Herr? Danke. Es ist gut und passend und vollkommen.« Die dritte Lektion besteht in der Erkenntnis, daß wir die Dinge, die wir haben, *Gott zum Opfer bringen* können. Das nennt man einen eucharistischen Lebensstil. Der Vater schüttet seine Segnungen über uns aus; wir empfangen sie als seine Geschöpfe mit offenen Händen, sagen Dank und geben sie ihm als Opfer zurück, wodurch sich der Kreis wieder schließt. Als Salomos Tempel gebaut werden sollte, fragte König David, wer bereit sei, etwas für den Herrn zu geben. Daraufhin brachte das Volk Gold, Silber, Kupfer, Eisen und Edelsteine. Da schüttete David vor Gott sein Lob und seinen Dank aus.

> »Dein, Herr, ist die Majestät und Gewalt, Herrlichkeit, Sieg und Hoheit. Denn alles, was im Himmel und auf Erden ist, das ist dein. ... Denn was bin ich? Was ist mein Volk, daß wir freiwillig so viel zu geben vermochten? Von dir ist alles gekommen, und von deiner Hand haben wir dir's gegeben« (1. Chr 29,11.14).

Das Volk stimmte in das Lob mit ein, neigte sich vor dem Herrn und dem König und feierte am nächsten Tag »mit großen Freuden«, indem es Brandopfer von Stieren, Widdern und Lämmern und Trankopfer darbrachte.

> »Ein jeder (gebe) ... nicht mit Unwillen oder aus Zwang; denn einen fröhlichen Geber hat Gott lieb. Gott aber kann machen, daß alle Gnade unter euch reichlich sei, damit ihr in allen Dingen allezeit

volle Genüge habt und noch reich seid zu jedem guten Werk« (2. Kor 9,7-8).

Von Hudson Taylor, dem Gründer der China-Inlandmission, wird gesagt, daß er einmal im Jahr seinen ganzen Besitz durchforstete. Alles, was er ein Jahr lang nicht benutzt hatte, gab er weg. Er glaubte, daß er eines Tages für das, was er behielt, zur Verantwortung gezogen werden würde, und er sah keinen Grund, Dinge zu behalten, die er ein Jahr lang nicht benutzt hatte und die ein anderer gebrauchen konnte.

Manche Leute horten gerne. Sparsamkeit ist das eine, Horten ist etwas anderes. Nachdem ich in einem Land gelebt habe, wo ein gewöhnliches Mayonnaiseglas schon ohne die Mayonnaise zwei Mark wert war, überlege ich mir sehr genau, was ich wegwerfe und was nicht. Ich bin sehr dafür, Plastiktüten zu sammeln und bewahre immer so viele Plastiktüten und Verschlußdrähte auf, wie ich gerade brauche. Mein Geiz bei der Verwendung von Alufolie oder Papiertüchern hat sich schon fast zur Besessenheit entwickelt. Ich habe schon Papiertücher, die ich zum Abtupfen von Salatblättern benutzt habe, getrocknet und nochmals verwendet - denn ich habe elf Jahre an einem Ort gelebt, wo es solche Dinge nicht gab, und deshalb sind sie immer noch Luxus für mich.

Ich kenne jedoch eine Frau, deren Schränke überquellen von gesprungenem und angeschlagenem Geschirr, Aluminiumunterlagen von Tiefkühlkost, Plastikbechern vom Hüttenkäse bis zum Eis und Wegwerfgabeln und -löffeln - und das alles in Mengen, die bis zum Tausendjährigen Reich reichen würden. Bei den meisten von uns gibt es Lebensbereiche, die ebenso sinnlos vollgestopft sind und dringend der Räumung bedürfen, damit Platz entsteht für nützliche Dinge. Warum halten wir an diesen nutzlosen Dingen fest? Liegt unsere Sicherheit denn in der Anhäufung materieller Güter begründet? Oder überkommt uns ein Gefühl der Befriedigung, wenn wir einen Schrank öffnen und unser Blick auf 95 Paar Schuhe oder 42 Blusen oder Hemden fällt? Kann irgend jemand sechs verschiedene Geschirrservices vernünftig verwenden? (Ich bin einer Frau aus meiner Bibelstunde sehr dankbar, die mitbekam, daß einige der anderen Frauen Geld zusammenlegten, um mir ein einfaches Steingutgeschirr zu kaufen, und die mir daraufhin ein ungebrauchtes Rosenthal-Service schenkte, das sie zu ihrer Hochzeit bekommen hatte.)

> »Den Reichen in dieser Welt gebiete, daß sie nicht stolz seien, auch nicht hoffen auf den unsicheren Reichtum, sondern auf Gott, der uns alles reichlich darbietet, es zu genießen; daß sie Gutes tun, reich werden an guten Werken, gerne geben, behilflich seien, sich selbst einen Schatz sammeln als guten Grund für die Zukunft, damit sie das wahre Leben ergreifen.« (1. Tim 6,17-19)

Das führt uns automatisch zur vierten Lektion, die darin besteht, daß uns Dinge gegeben werden, damit wir sie *eine Weile lang genießen.*

Nichts hat der Lebenseinstellung von Christen mehr geschadet als die schreckliche Ansicht, jeder wahrhaft geistliche Christ müsse jegliches Interesse an der Welt und ihrer Schönheit verloren haben. Die Bibel spricht davon, daß »Gott uns alles darbietet, es zu genießen« (1. Tim 6,17). Sie sagt auch: »Habt nicht lieb die Welt noch was in der Welt ist« (1. Joh 2,15). Wir dürfen und sollen die Dinge, die uns zur Freude geschaffen wurden, genießen. Aber wir sollen nicht unser Herz daran hängen. Vergängliches muß wie Vergängliches behandelt werden. Wir sollen es empfangen, dafür danken, es zurückgeben, aber uns daran freuen. Vergängliches darf nicht wie etwas von ewigem Wert behandelt werden.

Jesus sagte: »Seht zu und hütet euch vor aller Habgier; denn niemand lebt davon, daß er viele Güter hat« (Lk 12,15). Dann erzählte er die Geschichte eines Mannes, dessen Felder so viel Frucht brachten, daß er seine Scheunen abreißen und größere bauen mußte. Dann lehnte er sich zurück und sagte sich: »Habe nun Ruhe, iß, trink und habe guten Mut! Aber Gott sprach zu ihm: »Du Narr! Diese Nacht wird man deine Seele von dir fordern; und wem wird dann gehören, was du angehäuft hast? So geht es dem, der sich Schätze sammelt und ist nicht reich bei Gott« (Lk 12,19-21).

> »Ihr sollt euch nicht Schätze sammeln auf Erden, wo sie die Motten und der Rost fressen und wo die Diebe einbrechen und stehlen. Sammelt euch aber Schätze im Himmel, wo sie weder Motten noch Rost fressen und wo die Diebe nicht einbrechen und stehlen. Denn wo dein Schatz ist, da ist auch dein Herz« (Mt 6,19-21).

Ich muß gestehen, daß ich erleichtert war, als mein Silber weg war. Vorher hatte ich immer ein ungutes Gefühl, wenn wir das Haus verließen. In unserer Nachbarschaft war der Reihe nach überall eingebrochen worden, und wir wußten, daß wir wahrscheinlich auch auf der Liste standen. Die Polizei hatte zwar jemanden in Verdacht, konnte aber anscheinend weder vorher noch hinterher irgendwie eingreifen. Als es dann passierte, war ich zwar betroffen, aber ich konnte doch recht schnell sagen: »Damit ist das erledigt. Danke, Herr.« Mir war es leichter ums Herz. Von einem Teil der Versicherungssumme kauften wir einen Satz versilbertes Besteck, auf das wohl niemand besonders scharf sein dürfte.

Der junge Franz von Assisi, der glaubte, »Frau Armut« heiraten zu sollen, riß sich die Kleider vom Leib und warf sie zu Boden.

»Und so werde ich mich«, sagte er zu der Menge, die sich vor dem Bischofspalast versammelt hatte, »hinfort nackend Gott, dem Herrn, nähern können, wenn ich in voller Wahrheit nicht mehr sage: Mein Vater Peter Bernadone, sondern: Unser Vater, der du bist in den Himmeln.«

Der Gärtner des Bischofs gab ihm ein zerlöchertes Mäntelchen, auf das er ein Kreidekreuz malte. Dann machte er sich auf durch die Wälder und sang aus vollem Herzen Loblieder für den Herrn.

Nicht alle Christen müssen sich nackt ausziehen und singend durch die Wälder streifen, aber alle Christen sollten eine solche Sorglosigkeit besitzen wie Franz von Assisi.

Wer sich schwer tut, alle guten Gaben Gottes mit frohem Herzen anzunehmen, wird sich auch schwer tun, sich von ihnen zu trennen.

Ein reicher Mann kam einmal zu Jesus und fragte ihn, was er tun müßte, um ewiges Leben zu erhalten. Jesus antwortete, er müsse die Gebote halten. Das habe er getan, erwiderte der Mann. Was noch notwendig sei.

> »Willst du vollkommen sein, so geh hin, verkaufe, was du hast ... und folge mir nach!« (Mt 19,21).

Die Einstellung des jungen Mannes zu seinem Besitz wird daran deutlich, daß er traurig davonging. Solange er seine Güter nicht loslassen konnte, konnte er auch keine Freiheit erfahren. Er kam mit der Last des Reichtums beladen zu Jesus. Er ging genauso schwer beladen davon, obwohl Jesus ihm gerne Ruhe geschenkt hätte.

Unter meinen kleineren »Besitztümern« befindet sich auch etwas, was mir eine große Gabe der Zivilisation zu sein scheint – ein elektrisches Heizkissen. Wenn dank unserer Bemühungen, Heizöl zu sparen, unser Haus kaum wärmer als ein Iglu ist, genieße ich es, in ein vorgewärmtes Bett zu steigen. Auch bin ich dankbar für saubere, von Wind und Sonne getrocknete Bettwäsche, für Sahne zum Kaffee, für Supermärkte und ein Auto, das uns beweglich macht, für das Telefon, den Strom und das fließende Wasser. Ich weiß sehr wohl, daß das alles völlig unverdiente Geschenke sind, mit denen es schneller zu Ende sein kann als wir denken. Aber wir sollen sie genießen, wenn sie uns gegeben werden.

»Aber sind die materiellen Dinge nicht Feinde des geistlichen Lebens?« fragen Sie jetzt vielleicht.

Die Antwort ist nein. Es ist eine alte und doch in jedem Jahrhundert wieder neu auftauchende Irrlehre, daß zwischen dem Sichtbaren und dem Unsichtbaren eine Spaltung besteht. Das Sichtbare *kommt aus* dem Unsichtbaren.

> »Durch den Glauben erkennen wir, daß die Welt durch Gottes Wort geschaffen ist, so daß alles, was man sieht, aus nichts geworden ist« (Hebr 11,3).

Der Dualismus geht davon aus, daß es gut sei, alles Materielle zu fliehen, es zu unterdrücken oder zu ignorieren. Der christliche Glaube ist aber nicht dualistisch. Der Körper ist nichts Schlechtes. Jesus Christus kam vom Himmel auf die Erde, wurde Fleisch durch den Heiligen Geist, wurde zum Menschen und heiligte damit das Sichtbare für alle Zukunft. Gott will keine Männer und Frauen, die verabscheuen, was er geschaffen hat, sondern solche, die seine Schöpfung lieben, so wie er sie liebt, als etwas, was von ihm ausgeht und zu ihm zurückkehrt.

»Wird Gott mir meinen ganzen Besitz wegnehmen?« fragen Sie vielleicht.

Wenn das der einzige Weg ist, um Ihre Aufmerksamkeit zu erlangen, macht er vielleicht davon Gebrauch. Wenn ein solcher

Verlust eine veränderte Einschätzung von sichtbaren und unsichtbaren Dingen zur Folge hat, führt er ihn vielleicht herbei. Der Apostel Paulus sagte, er habe alles um Christi willen verloren: »Durch ihn hat für mich alles andere seinen Wert verloren, ja ich halte es für bloßen Dreck. Nur noch Christus besitzt für mich einen Wert. ... Ich möchte nichts anderes mehr kennen als Christus« (Phil 3.8-10; Gute Nachricht).

Die größten Verluste in meinem Leben, die ich am meisten fürchtete, sind für mich zum Gewinn geworden, wenn ich den unendlichen Reichtum bedenke, der darin besteht, Jesus Christus, den Herrn, zu kennen (Phil 3,8; ZINK). Ich kann das niemals beweisen. Ich kann es nicht logisch oder wissenschaftlich begründen. Ich weiß nur, daß es wahr ist, und würde das aus ganzem Herzen jedem weitersagen, der Christus in seiner ganzen Fülle kennenlernen möchte »in der Kraft seiner Auferstehung und in der Gemeinschaft seines Leidens« und der dennoch fürchtet, etwas zu verlieren. Fürchte dich nicht. Fürchte dich nicht. Fürchte dich nicht. Der Gewinn wird alles andere weit übersteigen.

»Denn unser Leiden geht vorüber und wiegt leicht. Es bringt uns aber eine Herrlichkeit, die alle Vorstellungen übersteigt ... Denn das Sichtbare ist vergänglich, das Unsichtbare ewig« (2. Kor 4,17-18; ZINK).

Und doch bleibt eine gewisse Furcht zurück.

»Und wenn Gott mir meinen Besitz nicht direkt wegnimmt? Wird er mich vielleicht auffordern, ihn selbst aufzugeben?«

George MacDonald hat da einen traurigen »Trost«:

Bist du so zufrieden mit dem, was du bist, daß du noch nie ewiges Leben gesucht, noch nie nach der Gerechtigkeit Gottes, der Vollkommenheit deines Wesens gehungert und gedürstet hast? Sollte letzteres der Fall sein, so kannst du dich trösten: Der Meister verlangt nicht von dir, daß du deinen Besitz verkaufst und den Armen gibst. *Du* sollst ihm nachfolgen? *Du* sollst mit ihm gehen, um die frohe Botschaft zu verkünden? – *Du*, dem die Gerechtigkeit egal ist? Du gehörst nicht zu denen, deren Begleitung sich der Meister wünscht. Du kannst dich trösten, sage ich dir: Er will dich nicht; Er wird dich nicht bitten, deinen Geldbeutel für ihn zu öffnen;

du kannst geben oder zurückhalten, es ist ihm egal ... *Geh, und halte die Gebote*. Dein Geld ist noch nicht dran. Die Gebote sind genug für dich. Du bist noch kein Kind im Reich Gottes. Du sehnst dich noch nicht in die Arme des Vaters; du willst nur den Schutz seines Daches. Was dein Geld angeht, so laß dich durch die Gebote leiten, wie du damit umgehen sollst. Es ist eine bedauernswerte Anmaßung von dir, dich zu fragen, ob du alles verkaufen mußt, was du hast ...Wenn der junge Mann alles verkauft hätte und ihm gefolgt wäre, wäre er in Gottes Adelsstand erhoben worden - dir gilt dieses Angebot nicht.

Tröstet dich das? Wie schade für dich! ... Deine Erleichterung besteht in der Erkenntnis, daß dich der Herr nicht braucht, daß er nicht von dir verlangt, dich von deinem Geld zu trennen, daß er sich dir als Gegengabe nicht selbst anbietet. Zwar verkaufst du ihn nicht für dreißig Silberstücke, das ist wahr, aber du bist auch froh, ihn nicht für alles, was du besitzt, kaufen zu müssen.

»Aber«, wenden Sie vielleicht ein, »ich suche doch ewiges Leben. Ich hungere und dürste ernsthaft nach Gerechtigkeit. Ich sehne mich in die Arme des Vaters. Muß ich dann alles aufzugeben, was ich besitze, heute noch, im ganz wörtlichen Sinn?« (aus: George MacDonald, The Hardness of the Way)

Dazu kann ich nur sagen: Eines Tages fordert es Gott vielleicht von Ihnen. Wenn er das tun will, wird er Sie aber wahrscheinlich darauf vorbereiten und Ihre Bereitschaft durch kleinere Opfer prüfen.

Geben Sie den Zehnten? Geld ist ein guter Anfangspunkt, das Loslassen zu üben, da dies unsere empfindlichste Stelle ist. Ich kenne eine Baptistengemeinde, in der jeden Sonntag morgen die versammelte Gemeinde aufsteht und laut sagt: »Die Bibel lehrt es. Ich glaube es. Gib den Zehnten.« Dann wird das Opfer eingesammelt, ca. 60.000 DM jede Woche. Der Zehnte ist ein Zehntel.

Im Alten Testament gab das Volk Israel den Zehnten seines ganzen Besitzes – von Herden, Früchten, Getreide, Geld. Sollten wir, die wir »unter der Gnade« leben, weniger tun, als im Gesetz gefordert war? Sollte unser Opfer nicht ein »Erstlingsopfer« für den Herrn sein?

»Ehre den Herrn mit deinem Gut und den Erstlingen all deines Einkommens, so werden deine Scheunen voll werden und deine Kelter von Wein überlaufen« (Spr 3,9-10).

»Muß ich den Zehnten meines Brutto- oder meines Nettoeinkommens abgeben?« Wenn Ihnen das eine wie das andere schwer fällt, wird Gott Sie wahrscheinlich in nächster Zeit nicht auffordern, *alles* aufgeben, um ihm zu folgen.

Wie sehr wir an unserem Besitz hängen, wird in allen möglichen Situationen deutlich. Ein paar Beispiele: Wie reagieren Sie, wenn Ihr Besitz beschädigt, zerstört oder gestohlen wird?

Was tun Sie, wenn Sie merken, daß man Sie betrogen hat? Tun Sie alles, um eine Entschädigung zu bekommen?

Regen Sie sich auf, wenn Ihr »Eigentumsrecht« in irgendeiner Weise angegriffen wird? Sind Sie besorgt um die Dinge, die Ihnen gehören? Ballen Sie die Fäuste oder öffnen Sie Ihre Hände? Wer ist Ihr Herr? Gott oder das Geld? Wem oder was laufen Sie hinterher?

Kleidung, Nahrung, Geld: »Nach dem allen trachten die Heiden. Denn euer himmlischer Vater weiß, daß ihr all dessen bedürft. Trachtet zuerst nach dem Reich Gottes und nach seiner Gerechtigkeit, so wird euch das alles zufallen. Darum sorgt nicht für morgen, denn der morgige Tag wird für das Seine sorgen. Es ist genug, daß jeder Tag seine eigene Plage hat« (Mt 6,32-34).

Damit sind wir wieder bei unserer ersten Lektion. Alle Dinge kommen von Gott. Wir können ihm vertrauen, daß er uns versorgt. Von einem kleinen Hund habe ich vieles gelernt. Wie einfach das Leben doch für ihn war! Er vertraute mir. Er lebte immer nur einen Tag auf einmal, trug sein struppiges schwarzes Fellmäntelchen, ein Geschenk des himmlischen Vaters, bei allen Gelegenheiten, das ganze Jahr hindurch. Das Abendbrot fand er in seiner Schüssel, Chappi oder was immer. Er zerbrach sich nicht den Kopf über sein Menü. Er besaß ein ganzes Haus mit einem weitläufigen Garten sowie eine ganze Reihe Eichhörnchen und Kaninchen, für die er sich jagender- und bellenderweise verantwortlich fühlte, aber er brauchte keine Steuern oder Hypotheken zu zahlen. Für alles war gesorgt. Was für ihn natürlich war, müssen wir Menschen mühsam lernen.

C. S. Lewis schrieb einmal einer Amerikanerin, die sich in einer finanziellen Krise befand: »Ich glaube, daß wir genau das lernen müssen: Von Tag zu Tag zu leben (›sorgt nicht für morgen‹) – auch wenn der alte Adam in mir manchmal murrt und sich fragt, wieso Gott, wenn er wollte, daß ich wie die Lilien auf dem Feld lebe, mir nicht gleich den gleichen Mangel an Nerven und Phantasie gegeben hat wie ihnen!«

Dies sind also die vier Lektionen:

1. Alle Dinge kommen von Gott.

2. Wir sollen alle Dinge mit Danksagung empfangen.

3. Die Dinge sind uns gegeben, damit wir sie zum Opfer bringen.

4. Die Dinge sind uns gegeben, damit wir uns eine Weile an ihnen erfreuen können.

Und hier noch ein fünfter Punkt: Alles, was Christus gehört, gehört auch uns. Amy Carmichael schrieb deshalb: »Alles, was uns jemals gehört hat, wird uns in alle Ewigkeit gehören.«

Wir sagen oft, daß unser Besitz Christus gehört. Sind wir uns auch der Umkehrung bewußt, daß das, was ihm gehört, auch uns gehört? Das scheint mir eine wunderbare, ja fast unglaubliche Wahrheit zu sein. Falls das so ist, wie können wir dann irgend etwas »verlieren«? Wie können wir dann überhaupt davon sprechen, daß er ein »Recht« auf *unseren* Besitz hat?

> »Euch gehört doch alles, ob es nun Paulus ist oder Apollos oder Petrus; euch gehört die ganze Welt, das Leben und der Tod, die Gegenwart und die Zukunft. Alles gehört euch, ihr aber gehört Christus, und Christus gehört Gott« (1. Kor 3,22-23).

»Mein Sohn, du bist immer bei mir, und alles, was mir gehört, ist dein«, sagt der Vater zu uns. Das ist wahrer Reichtum.

Der Segen der Arbeit

Es gibt keine »christliche Arbeit«. Das heißt, es gibt keine Arbeit, die an sich christlich wäre. Jede Form von Arbeit kann »christlich« sein, von der Kanalreinigung bis zur Predigt, wenn sie von einem Christen verrichtet und Gott dargebracht wird.

Das bedeutet, daß niemand davon ausgeschlossen ist, Gott zu dienen. Es bedeutet, daß es keine Arbeit gibt, die »unter der Würde« eines Christen wäre. Es bedeutet, daß es keine Arbeit auf der ganzen Welt gibt, die langweilig oder nutzlos zu sein braucht. Ein Christ findet seine Erfüllung nicht in einer bestimmten Arbeit, sondern in der Art und Weise, wie er seine Arbeit tut. Wer seine Arbeit immer für Christus tut, steht im »vollzeitlichen christlichen Dienst«.

Unter den Menschen, die zu Johannes hinausgingen, um sich von ihm taufen zu lassen, waren auch Zöllner und Soldaten. Als sie fragten, was sie tun sollten, um ihre Umkehr unter Beweis zu stellen, befahl ihnen Johannes nicht, ihre Arbeit aufzugeben und das gleiche zu tun wie er. Zu den Zöllnern sagte er: »Fordert nicht mehr, als euch vorgeschrieben ist!« (Lk 3,13). Und zu den Soldaten: »Tut niemandem Gewalt oder Unrecht und laßt euch genügen an eurem Sold!« (Lk 3,14). Diese Anweisungen bedeuteten für die beiden Berufe etwas völlig Neues. Ein Zöllner, der nicht mehr kassierte, als vom Gesetz vorgeschrieben war oder ein Soldat, der niemanden schikanierte, erpreßte oder nach höherer Bezahlung schrie, wäre ein Nonkonformist erster Güte.

Jeder von uns hat eine Pflicht von Gott aufgetragen bekommen. Die meisten Menschen, die im Lauf der Geschichte vor uns lebten, hatten dabei keine Wahl. Wir vergessen das leicht in unserer Zeit, in der die Möglichkeiten scheinbar grenzenlos sind und das, »was man macht«, in der Regel die Tätigkeit meint, mit der man sein Geld

verdient. Pflicht beinhaltet jedoch all das, was wir für andere tun
sollten - das Bett machen, jemanden zur Kirche fahren, den Rasen
mähen, die Garage aufräumen, ein Haus anstreichen. Oft ist es
möglich, dieser Art von Arbeit zu »entgehen«. Niemand bezahlt uns
dafür. Sie muß einfach getan werden, und wenn wir sie nicht tun,
tut sie keiner. Die Arbeit gewinnt jedoch eine ganz neue Dimension,
wenn wir erkennen, daß Gott es ist, der uns eine bestimmte Pflicht
auferlegt. Es ist Dienst für Gott. Wenn wir vor ihm stehen, sagen
wir vielleicht: »Herr, wann habe ich jemals *deinen* Rasen gemäht?
Wann *deine* Kleider gebügelt?« Und er wird antworten: »Was du
für einen der Geringsten meiner Brüder und Schwestern getan hast,
hast du für mich getan.«

Bruder Lorenz, ein französischer Karmelit aus dem 17. Jahrhundert, praktizierte die Gegenwart Gottes in der Küche eines Klosters.
Dag Hammarskjöld, der Generalsekretär der Vereinten Nationen,
verstand seine Arbeit als Dienst für Gott und lernte aus den Schrif-
ten der großen mittelalterlichen Mystiker, wie man als Mensch ein
sozial aktives Leben führen sollte.

Selbsthingabe war für sie ein Weg zur Selbstverwirklichung, und
in »Einfalt des Geistes« und »Verinnerlichung« fanden sie die Kraft
für ein Ja zu jedem Anspruch, den sie in der Bedürftigkeit ihrer
Nächsten an sich gestellt sahen, und auch für ein Ja zu jedem
Schicksal, das das Leben ihnen auferlegte. ... Liebe - dieses oft
gebrauchte und mißbrauchte Wort - bedeutete für sie einfach ein
Überfließen jener Kraft, von der sie erfüllt waren, wenn sie in
wahrer Selbstvergessenheit lebten. Und diese Liebe fand ihren
natürlichen Ausdruck in einer bereitwilligen Erfüllung aller Pflichten und einer uneingeschränkten Annahme des Lebens mit allem,
was es für sie persönlich an Mühe, Leiden oder Glück brachte. (aus:
Dag Hammarskjöld, Markings)

Ein Tagebucheintrag von 1956 lautet:

Vor dir, Vater,
In Rechtschaffenheit und Demut,

Mit dir, Bruder,
Im Glauben und voll Mutes,

In dir, Heiliger Geist,
In Stille.

Ganz *dein*, denn dein Wille ist mein Schicksal,
Hingegeben – denn mein Schicksal soll nach deinem Willen
gebraucht und aufgebraucht werden.

Welche Ansprüche werden durch die Bedürfnisse unserer Familien und Nachbarn an uns gestellt? Das ist die Pflicht, die Gott uns auferlegt hat. Mir wurde klar, als ich das Leben der Dschungelindianer beobachtete, daß sie alles taten, was nötig war, um zu überleben, vom kleinsten Kind, das gerade auf den Beinen stehen konnte, bis zur Großmutter, die immer noch mit ihrem Korb zur Rodung der Familie ging, um dort Manioksträucher zu pflanzen. Die Menschen hatten keine Wahl. Sie beglückwünschten sich nicht selbst zu ihrer Pflicht. Ihnen kam sicherlich nie der Gedanke, daß sie Gutes damit taten. Pflicht *ist gut*. Wenn wir sie erfüllen, tun wir etwas Gutes, aber wir können uns keinerlei Verdienst dafür anrechnen.

Es ist falsch, zwischen den Dingen, denen wir nicht »entgehen« können, d. h., die fürs Überleben notwendig sind, und den Dingen, die wir uns aussuchen, zu unterscheiden. Der Acht-Stunden-Tag, für den wir bezahlt werden, ist eine Pflicht und eine körperliche Notwendigkeit. Viele Dinge, die wir »nach der Arbeit« tun, sind ebenfalls Arbeit, und zwar oft für andere, wenn wir nicht gerade extrem egoistisch veranlagt sind.

Handelt es sich dabei in Gottes Augen um ganz unterschiedliche Dinge? Ich glaube nicht. Die mir zugeteilte Arbeit umfaßt das Schreiben von Büchern und Halten von Vorträgen – Formen des Dienstes, die oft als »vollzeitlicher Dienst« bezeichnet werden, aber mein Dienst vor Gott beinhaltet auch Hausarbeit und Korrespondenz und Zeit zu haben für die Familie und die Freunde, um Dinge für sie zu tun, die getan werden müssen. Wenn mein Mann möchte, daß ich ihm die Haare schneide oder einen Brief für ihn tippe, bin ich für ihn da.

> »Wir aber wollen uns nicht über alles Maß hinaus rühmen, sondern nur nach dem Maß, das uns Gott zugemessen hat ... Denn es ist nicht so, daß wir uns zuviel anmaßen ... denn wir sind ja mit dem

Evangelium Christi bis zu euch gekommen und rühmen uns nicht über alles Maß hinaus mit dem, was andere gearbeitet haben« (2. Kor 10,13-15).

Was ist »unser Maß«? Wir können nicht leugnen, daß es in unserem modernen Leben ein breites Spektrum für unsere Wahl gibt, wenn wir dieses Maß bestimmen wollen. Vertrauen wir darauf: Gott weiß, wie er jemandem, der seinen Willen tun will, zeigen kann, was für ihn richtig ist. Um ein größeres Maß zugeteilt zu bekommen, muß man mit dem kleineren anfangen und die Bereitschaft haben, zu jedem Anspruch, der durch die Bedürftigkeit eines Nächsten an uns gestellt wird, ja zu sagen.

Ein junges Ehepaar fragte mich einmal um Rat hinsichtlich der Berufstätigkeit der Frau. Der Mann machte noch eine Ausbildung, so daß sie arbeiten mußte, um ihre Lebenshaltungskosten zu finanzieren. So ein Fall kommt in der heutigen gesellschaftlichen Wirklichkeit oft vor und stellt für jede Ehe eine Belastung dar. Ich glaube, daß man damit zurechtkommen kann, solange es von beiden Seiten als eine zeitlich begrenzte Notwendigkeit angesehen wird. Letztendlich soll der Mann (sofern es persönliche Umstände oder die Arbeitsmarktsituation nicht unmöglich machen) die Verantwortung übernehmen, die ihm als Ehemann aufgetragen ist: seine Frau zu lieben, die Gründung einer Familie zu ermöglichen und für diese Familie zu sorgen. Das war aber nicht das Hauptproblem für das junge Paar. Beide sahen die Situation als vorübergehend und nicht als ideal an. Das Problem bestand darin, daß sie in ihrer Arbeit »keine Erfüllung« fand. Sollte sie das Risiko eingehen und die langweilige Stelle kündigen, in der Hoffnung, daß der Herr ihr eine bessere Arbeit schenken würde? Natürlich konnte ich diese Frage nicht für die beiden beantworten, aber ich versuchte ihnen zu zeigen, daß man die ganze Sache auch in einem anderen Licht sehen konnte.

Erstens war ihre Arbeit eine wirtschaftliche Notwendigkeit, da er nicht arbeiten konnte. Irgendeine Arbeit war besser als gar keine Arbeit. Zweitens war es nur eine vorübergehende Arbeit, die sie nicht als Berufskarriere anzusehen brauchte. Sie wollte ja Mutter werden. Drittens – und daran hatten sie nicht gedacht, »Erfüllung« findet man nicht in der Arbeit *an sich*, egal, um welche Arbeit es sich handelt. Darin Erfüllung finden zu wollen, war ein Fehler. Die junge Frau hatte den Eindruck, daß die Arbeit »unter ihrer Würde« war, sie fühlte sich »überqualifiziert«, da sie einen Studienabschluß besaß, der nichts mit dieser Arbeit zu tun hatte und deshalb ungenutzt blieb. Die Frage war aber: War sie bereit, ihrem Mann zuliebe – wie für den Herrn – alles zu tun, was ihre gegenwärtige Situation erforderte? (Wie konnte ich sie davon überzeugen, daß eine Arbeit, die für Jesus getan wird, unendlich viel erfüllender ist als eine Befriedigung, die man aus sogenannten Qualifikationen zieht?)

Ich weiß nicht, wie sie ihr Problem gelöst haben. Vielleicht hat Gott ihr eine interessante und herausfordernde Arbeit geschenkt. Falls nicht, so hoffe ich, daß sie eine entscheidende Wahrheit erfahren haben: Jede Arbeit, die für Gott getan wird, kann interessant und herausfordernd sein. Wenn eine Arbeit unter unserer Würde zu sein scheint, wenn sie langweilig und bedeutungslos wird, zur bloßen Plackerei, dann dient sie vielleicht dem Lebensunterhalt, aber sie ist nicht mit Leben erfüllt. Ihr fehlen die Freiheit und die Weite, die das Leben eines Jüngers sonst so reich machen.

Verlangt Gott, daß wir tun, was unter unserer Würde ist? Wir werden diese Frage nie mehr stellen, wenn wir uns daran erinnern, daß der Herr der Welt sich ein Handtuch umgebunden und anderen die Füße gewaschen hat.

In den Anfangszeiten der Gemeinde brauchten die zwölf Apostel jemanden, der sich um die tägliche Versorgung der Witwen kümmerte. Sie hielten es für einen schweren Fehler, das Wort Gottes zu vernachlässigen, um »zu Tische« zu dienen. Daß sie nicht meinten, die Arbeit sei unter ihrer Würde, merkt man gleich, wenn man liest, was für eine Art von Männern sie für diese Aufgabe suchten: Sie sollten »einen guten Ruf haben und voll heiligen Geistes und Weisheit« sein (Apg 6, 3). Wir erinnern uns, daß die Apostel selbst am Anfang ungeschulte Laien waren, aber sie waren klar und deutlich in den Verkündigungsdienst gerufen worden. Unterschiedliche Menschen haben unterschiedliche Gaben und unterschiedliche Verantwortungsbereiche, und selbst das Verteilen von Mahlzeiten erfordert Weisheit und den heiligen Geist. Beide Dienste mußten in der Gemeinde getan werden, und sie erwarteten von Gott, daß er die richtigen Männer berufen würde. Es ist besonders interessant, daß einer dieser berufenen Männer Stephanus war, ein Mann »voll Gnade und Kraft« (Apg 6,8), dessen Bereitschaft, die Verantwortung für die griechischen Witwen zu übernehmen, dazu führte, daß er bald große Wunder und Zeichen tat (wer weiß, ob er nicht vielleicht der erste war, der die hebräischen mit den griechischen Juden versöhnte. Das an sich könnte schon als Wunder angesehen werden). Er sprach mit solch inspirierter Weisheit, daß er die furchtbare Eifersucht und den irrationalen Haß der religiösen Elite erregte. Er muß ein wahrhaft demütiger Mann gewesen sein, um das Amt eines Armenpflegers anzunehmen, und ein sehr intelligenter Mann, um als Redner einen solchen Eindruck zu machen. Gott bereitete ihn für das Martyrium vor, indem er ihm eine einfache Aufgabe gab.

Viele irrige Vorstellungen über das, was einen großen Märtyrer ausmacht, lösen sich in nichts auf, wenn wir die Geschichte des ersten Märtyrers der Kirche einmal zurückverfolgen:

Erstes Kapitel
Ein Streit zwischen Griechen und Juden über die Versorgung der Witwen.

Zweites Kapitel
Stephanus wird als einer der Verantwortlichen für die Versorgung berufen.

Drittes Kapitel:
Er beginnt, Wunder zu tun.

Viertes Kapitel
Streit mit Männern aus verschiedenen Synagogen.

Fünftes Kapitel
Die Veteidigungsrede des Stephanus und seine Vision vom Menschensohn.

Sechstes Kapitel
Steinigung zum Tode.

Was macht ein »großes Werk für Gott« aus? Womit beginnt es? Immer mit der Demut. Nicht dadurch, daß man sich dienen läßt, sondern daß man dient. Nicht in Selbstverwirklichung, sondern in Selbsthingabe.

Ich hörte einmal von einem Rezept, das garantiert gegen Langeweile wirken soll und darin besteht,

1. etwas zu tun zu haben,
2. jemanden zu lieben,
3. sich auf etwas zu freuen.

Der Christ findet alle drei Dinge in Christus: das erste in der Arbeit, das zweite in unserem Meister, selbst das dritte in der Hoffnung. Und trotzdem vergessen wir das so leicht. Eine Folge des Sündenfalls besteht darin, daß wir die Bedeutung der Dinge aus dem Blickfeld verloren haben und daß uns deshalb die Welt so trübe und düster erscheint - dabei ist sie voll von der Herrlichkeit Gottes. Die Aufgaben anderer Leute sehen oft viel interessanter und aufregender aus als unsere. Meine Alltagsarbeit ist völlig reizlos, was meine Nachbarin tut, würde mir Spaß machen.

Wenn Stephanus sich vorgenommen hätte, Zeichen und Wunder zu tun oder ein großer Verteidiger des Christentums zu werden, hätte er kaum die Berufung für die Armenpflegerstelle angenommen. Das war jedoch zu diesem Zeitpunkt »seine offene Tür«. Es bestand eine Not. Er wurde gerufen, um dieser Not abzuhelfen. Er sagte ja. Er hatte nur einen Herzenswunsch: Gott gehorsam zu sein. Er wurde des Leidens für würdig erachtet, weil er bereit war zu dienen. Stephanus ergab sich nicht der Eitelkeit, von einem hohen Rang in der Kirchengemeinde zu träumen.

»Wer darf auf des Herrn Berg gehen, und wer darf stehen an seiner heiligen Stätte? Wer unschuldige Hände hat und reines Herzens ist...« (Ps 24,3f.). Lassen sie uns unsere Arbeit zu Gott erheben, so wie wir unsere Hände, unseren Körper erheben – als Opfer, das ihm angenehm ist, weil es ihm gebracht wird, nur er allein es reinigen kann. Wenn sie nicht so geopfert wird, stirbt die Sache. Tod, Leblosigkeit und Langeweile sind die unweigerliche Folge.

Selbst das Schreiben (von christlichen Büchern!) kann langweilig werden. Viele halten es für eine aufregende Sache. Das weiß ich deshalb, weil sie mit leuchtenden Augen zu mir kommen und mir sagen, wie toll das doch sein muß.

»Eines Tages möchte ich auch ein Buch schreiben«, sagen sie, »wenn ich Zeit habe... wenn die Kinder groß sind... wenn ich in Rente gehe.«

Ich ermutige sie dann, es auf alle Fälle zu tun. Aber wenn man mich fragt, ob ich gerne schreibe, ob es ein reines Vergnügen ist, ob es mir jemals schwerfällt, dann muß ich zugeben, daß mir der Prozeß des Schreibens immer schwerfällt. Ich muß mich jeden Tag wieder dazu bringen, es anzugehen.

Gestern zum Beispiel lief es gar nicht gut. Ich hatte den ganzen Tag für mich. Es war ruhig in meiner Umgebung. Es bestand nicht die geringste Gefahr einer Unterbrechung, von äußersten Notfällen einmal abgesehen. Ich wußte, was ich zu tun hatte. Ich hatte die Notizen vorbereitet. Alles stand bereit: Schreibmaschine, das Papier, Arbeitsplatz. Ich erfreute mich bester Gesundheit. Die Temperatur war ideal – nicht zu heiß, nicht zu kalt. Wer unter diesen Bedingungen nicht arbeiten kann, kann überhaupt nicht arbeiten. Das sagte ich mir immer wieder.

Aber mir war einfach nicht nach Arbeit zumute. Darauf lief es schließlich hinaus. Ich war unruhig, abgelenkt und verärgert über mich selbst. Ich fragte mich, ob ich wohl »mein Pulver verschossen« hatte. Vielleicht hatte ich ja gar nichts zu sagen. Es war schon alles gesagt worden und vielleicht sogar durch mich! Ich wiederhole mich doch nur. So ein Jammer. Und falls doch nicht alles gesagt war, was wußte ich schon darüber? Auch der Gedanke, daß es wahrscheinlich immer noch einige Leser gibt, die gerne mehr von mir lesen würden, und die Tatsache, daß gerade wieder ein Brief von einem freundlichem Verleger gekommen war, der Interesse an meinem nächsten Buch zeigte, war kein Trost. »Des vielen Büchermachens ist kein Ende, und viel Studieren macht den Leib müde« (Pred 12,12) war der einzige Vers, der laut und deutlich zu mir sprach. Ich dachte an all die christlichen Buchläden, die mit Lawinen leuchtender Paperbacks gefüllt sind, die täglich aus der Druckerei kommen; an die vierfarbigen Broschüren und die ganzseitigen Anzeigen für den neuesten Bestseller. Ich dachte auch an die deprimierenden Statistiken, die ich gelesen hatte: mit 16 haben die meisten Jugendlichen 10- bis 15000 Stunden vor dem Fernseher verbracht. 74% aller erwachsenen Amerikaner lesen innerhalb eines Jahres nicht ein einziges Buch. Ich nehme an, daß die Verhältnisse in Europa nicht viel besser sind.

Ich stellte mir die gigantische Buchmesse vor, die ich in einigen Wochen besuchen würde und seufzte wieder. Warum all den Stapeln noch ein weiteres Buch hinzufügen?

Der Beruf, der zu den angenehmsten auf der ganzen Welt zu gehören scheint, ist für denjenigen, der ihn gerade ausübt, nicht immer so attraktiv. Das ist der Punkt, den wir begreifen müssen. Der Feind hat viele Mittel, um den Glanz stumpf werden zu lassen, uns abzulenken, uns mit dem zu langweilen, was uns gegeben wurde, es uns wertlos erscheinen zu lassen. Es ist nicht leicht, den geistlichen Charakter unserer Arbeit (denn jede Arbeit, die Gott uns gibt, hat geistlichen Charakter) im Auge zu behalten. Dazu brauchen wir geistlichen Schutz. « Mächtige und Gewaltige« sind gegen uns (Eph 6,12), um uns zu entmutigen, zu verärgern und in die Verzweiflung zu treiben.

Es kommt über uns die Güte des Herrn, unseres Gottes, laß das Werk unsrer Hände gedeihen, ja laß gedeihen das Werk unsrer Hände! (Ps 90,17, Einheitsübersetzung), muß unser Gebet sein. Wir brauchen Hilfe. Vielleicht überwinden wir uns und schreiben das Buch, verkaufen die Versicherung, kochen die Mahlzeit, tun die Arbeit, welcher Art sie auch sein mag, aber es wird Tage geben, an denen wir sie nur mit halbem Herzen tun, und andere Tage, an denen wir sie niedergeschlagen und mutlos tun. Wenn Arbeit und Gebet einander durchdringen, kommt die Güte unseres Gottes über uns und läßt das Werk unserer Hände gedeihen.

Die Arbeit ist ein Segen. Gott hat die Welt so eingerichtet, daß Arbeit notwendig ist, und er gibt uns die Fertigkeit und Kraft dazu. Wir könnten unsere Freizeit gar nicht genießen, wenn es nur Freizeit gäbe. Die Freude über eine gut gemachte Arbeit ermöglicht es uns, das Ausruhen zu genießen, genau wie auch Essen und Trinken

122

nur durch die Erfahrung von Hunger und Durst zu einem solchen Vergnügen werden.

Daß Arbeit einen enormen therapeutischen Wert besitzt, erfuhr ich nach dem Tode meines ersten Mannes. Ich bin oft gefragt worden: »Wie hast du es nur fertiggebracht, zurück in den Dschungel zu gehen?« Ich hätte es wahrscheinlich gar nicht fertiggebracht. Ich ging nicht zurück, sondern ich blieb dort. Es gab Arbeit, jede Menge Arbeit, und es war niemand sonst da, der sie hätte tun können. Vom ersten Tag an, nachdem wir von der Ermordung der fünf Männer erfahren hatten, war jeder Tag mit Pflichten ausgefüllt. Ich mußte mich um mein Baby kümmern, mein Haus versorgen, das Rollfeld in Ordnung halten, die Indianer unterrichten, beschäftigen und besuchen, ihnen Injektionen verabreichen, ihnen helfen und sie beraten, die Übersetzungsarbeit fortführen, den Briefverkehr aufrechterhalten. All diese Tätigkeiten füllten meine Zeit aus, in der ich sonst vielleicht im Selbstmitleid versunken wäre.

Der Tod meines zweiten Mannes, der sich lang und qualvoll hinzog, machte mich Gott gegenüber unaussprechlich dankbar für die ganz normale alltägliche Hausarbeit. Meine Arbeit bestand nur aus Kochen - ich zerbrach mir den Kopf über Menüs, die ihm wenigstens ein bißchen schmecken würden – Putzen, Geschirrspülen, dem Waschen seiner Bettwäsche und Kleidung, dem Tragen der Tabletts, der Überwachung seiner Medizin und der Beantwortung seiner Briefe. Diese Arbeit trug mich durch. Es kam vor, daß ich Gott für einen Stapel Geschirr oder Wäsche dankte.

Derjenige, für den wir eine bestimmte Arbeit tun, gibt ihr einen Sinn. Natürlich dachte ich nicht über Pfannen oder Waschpulver nach, wenn ich ein Ei briet oder Wäsche wusch. Ich dachte an meinen Mann. Als die Krankheit fortschritt, litt er jedoch sehr an Depressionen und wollte nicht mehr essen, vorgelesen bekommen, gebadet, angezogen oder irgendwie versorgt werden. Ich erschien ihm wie ein Störenfried und das sagte er mir auch. Und doch mußte die Arbeit getan werden. Selbst wenn es ihm ganz schlecht ging und ich nicht wußte, wie ich den Tag überstehen sollte, war die Arbeit da, und durch Gottes Gnade tat ich sie. Und wenn es mir wieder einfiel, nach oben zu sehen anstatt auf meine Situation, und die

Arbeit als Opfer für den Herrn zu tun, ging sie schon viel leichter und angenehmer.

Es gibt viele Menschen, die niemanden haben, *für* den sie ihre Arbeit tun können. Die Chefin macht einem das Leben so schwer, so daß man ihr unter allen Umständen aus dem Weg geht, zu Hause wartet keine Familie, die das Monatsgehalt benötigt, niemanden interessiert es, ob einem die Arbeit gefällt oder nicht, niemand dankt einem. Wie können diese Menschen eine neue Einstellung zu ihrer Arbeit gewinnen?

> Was Paulus den Sklaven in der Gemeinde zu Kolossä zu sagen hatte, kann uns hier weiterhelfen: »Ihr Sklaven, seid gehorsam in allen Dingen euren irdischen Herren, nicht mit Dienst vor Augen, um den Menschen zu gefallen, sondern in Einfalt des Herzens und in der Furcht des Herrn. Alles was ihr tut, das tut von Herzen als dem Herrn und nicht den Menschen, denn ihr wißt, daß ihr von dem Herrn als Lohn das Erbe empfangen werdet. Ihr dient dem Herrn Christus!« (Kol 3,22ff.).

Ich versuche mir vorzustellen, was es bedeutet hat, im römischen Reich ein Sklave zu sein. Wir, die wir heute in einem freien Land leben, sehen vieles als Problem, was die Menschen damals wahrscheinlich gar nicht belastet hat. Ich nehme an, daß sich nur wenige mit der moralischen Frage der Sklaverei auseinandergesetzt haben. Viele waren froh, jemanden zu haben, der für ihr Leben verantwortlich war. Solche Menschen gibt es auch heute noch, selbst wenn sie sich nicht als »Sklave« bezeichnen lassen würden. Ich bin mir jedoch ziemlich sicher, daß es für die Sklaven des ersten Jahrhunderts nicht leichter war, ihrem irdischen Herrn *völligen Gehorsam* zu leisten, als es für die Angestellten bzw. Jünger des zwanzigsten Jahrhunderts ist. Im Gegenteil, es war sicher sehr viel schwerer. Sich aus Ehrfurcht vor dem Herrn einer Arbeit völlig und ganz zu widmen ist schon immer schwer gewesen, und sei es nur deshalb, weil der Feind unserer Seelen uns lieber mit geteiltem Herzen sähe. Er möchte, daß wir nur unseren menschlichen Herrn mit all seinen Fehlern vor Augen haben und unseren himmlischen Herrn vergessen. Können Sie sich vorstellen, Ihr ganzes Herz in eine Arbeit zu legen, wenn der Sklaventreiber 14 Stunden täglich mit der Peitsche knallt?

Die christliche Einstellung zur Arbeit ist wirklich revolutionär. Stellen sie sich vor, was in unserem wirtschaftlichen und gesellschaftlichen Leben passieren würde, wenn in der Küche, im Büro, in der Schule, in der Fabrik täglich gefragt würde: »Wer ist dein Herr?« und die Antwort lauten würde: «Christus ist mein Herr, dessen Sklave ich bin.« Das würde auf einen Schlag nicht nur die Haltung des Arbeitnehmers gegenüber seinem Chef verändern, sondern auch gegenüber seinen Kollegen. Er würde nicht mehr Mittel und Wege suchen, sie zu übertreffen, zu hintergehen, oder in den Augen des Unternehmers mehr zu glänzen als sie. Er würde nicht mehr länger versuchen, der Arbeit zu entgehen, die er nicht mag und sie seinem Kollegen zuschieben. Es würde seine Einstellung zur Arbeit selbst verändern, denn er würde sie nicht mehr tun, um anzugeben, befördert zu werden, Pluspunkte oder Komplimente zu sammeln oder mit Prämien überschüttet zu werden, sondern um aufrichtig und allein Jesus Christus zu dienen. So eine Einstellung würde die Qualität seiner Arbeit verändern, weil er einen Herrn hat, der auch das sieht, was dem Aufseher entgeht, nicht nur jedes winzige Detail der Arbeit, sondern auch die innere Haltung, in der sie getan wird. Der Arbeiter würde wissen, daß seine Arbeit zählt, egal wie erniedrigend, routinemäßig oder anspruchslos sie ist. Jemand achtet auf sie.

Als Lars und ich auf den Turm der Kathedrale von Norwich kletterten, entdeckten wir oben, an der dunkelsten und engsten Treppe einige kleine Gesichter in Stein gemeißelt. Welcher Arbeiter hatte das getan? Für wen? Erwartete er, daß die Öffentlichkeit seine Arbeit an einem solch düsteren Ort würdigen würde? Er muß es für Gott getan haben. Wie hell muß es an dem Ort sein, an dem für Gott gearbeitet wird! Wieviel Friede empfindet ein Arbeiter, der sein Werk als Opfer für Gott versteht.

Nicht nur die Arbeit an sich ist ein Segen. Auch die Fähigkeit zu arbeiten ist eine Gabe. Fragen Sie Joni Eareckson-Tada. Sie ist gelähmt. Die normale Arbeit, wie sie uns gegeben ist, kann sie nicht mehr leisten, aber sie hat durch mühevolles Üben und beständige Ausdauer gelernt, Dinge auf außergewöhnliche Weise zu tun. Sie malt, indem sie den Pinsel mit dem Mund hält. Sie fährt einen Bus, der speziell ihren Bedürfnissen angepaßt ist. Sie schreibt Bücher, reist, hält Vorträge, arbeitet für Behinderte. Wenn ich sehe, wie sie trotz ihrer Behinderung so mutig lebt, wird mir erst bewußt, was für einen Segen ich bisher für selbstverständlich gehalten habe. Meine Beine tragen mich, wohin ich gehen will, meine Hände halten einen Staubsauger, meine Finger funktionieren – alle zehn, – um mein Haar zu richten, Teig zu kneten, Klavier zu spielen, Briefe zu tippen.

Jede einzelne Fähigkeit ist eine Gabe. Mose war ein bedeutender Mann, sehr begabt, auserwählt, um das Volk Israel aus der Sklaverei zu befreien, und Gott zeigte ihm das Modell der Stiftshütte auf dem Berg Sinai: Baue mir ein Heiligtum. Baue eine Bundeslade. Zimmere einen Tisch. Mache einen Leuchter. Nähe die Teppiche und den Vorhang.

> Wer konnte diese komplizierten Anweisungen ausführen? »Sehet«, sagte Mose zu den Israeliten, »der Herr hat mit Namen gerufen den Bezalel, den Sohn Uris, des Sohnes Hurs, vom Stamm Juda, und hat ihn erfüllt mit dem Geist Gottes, daß er weise, verständig und geschickt sei zu jedem Werk, kunstreich zu arbeiten in Gold, Silber und Kupfer, Edelsteine zu schneiden und einzusetzen, Holz zu schnitzen, um jede kunstreiche Arbeit zu vollbringen. Und er hat ihm auch die Gabe zu unterweisen ins Herz gegeben, ihm und Oholiab. . . Er hat ihr Herz mit Weisheit erfüllt, zu machen alle Arbeiten des Goldschmieds und des Kunstwirkers und des Buntwirkers mit blauem und rotem Purpur, Scharlach und feiner Leinwand und des Webers, daß sie jedes Werk ausführen und kunstreiche Entwürfe ersinnen können. So sollen denn arbeiten Bezalel und Oholiab ... ganz nach dem Gebot des Herrn« (2. Mose 35, 30-36,1).

Ein Christ ist durch seine Bereitschaft zu arbeiten gekennzeichnet. Faulheit war ein schweres Vergehen, daß Paulus den Thessalonichern riet, den Umgang mit denjenigen zu meiden, »die ihre täglichen Pflichten vernachlässigen«. Er selbst hatte nie Unterkunft oder Verpflegung von jemandem angenommen, ohne dafür zu bezahlen.

> Wir haben keine Mühe gescheut und haben Tag und Nacht für unseren Lebensunterhalt gearbeitet, um keinem von euch zur Last zu fallen. . . Als wir bei euch waren, haben wir euch ausdrücklich gesagt: We nicht arbeiten will, soll auch nicht essen. Nun hören wir,

daß es einige unter euch gibt, die ein ungeregeltes Leben führen. Sie arbeiten nicht, treiben sich unnütz herum. Wir ermahnen sie im Namen des Herrn Jesus Christus mit allem Nachdruck, daß sie einer geregelten Arbeit nachgehen und ihren Lebensunterhalt selbst verdienen. (2. Thess 3,8. 10f.; Gute Nachricht).

Vor nicht langer Zeit bat mich eine Frau, dafür zu beten, daß sie eine Stelle fände. Als wir uns unterhielten, erfuhr ich, daß sie unbedingt zum Radio oder Fernsehen gehen wollte, bisher aber nichts in diesem Bereich gefunden hatte. Sie hatte zwei Jahre lang Arbeitslosengeld erhalten. Ich sagte, daß sie doch bestimmt irgendeine Reinigungsarbeit finden könnte. Sie war schockiert und beleidigt. »Aber ich habe doch einen Hochschulabschluß!«

»Wer nicht arbeiten will, der soll auch nicht essen.« Das hat Paulus gesagt, nicht ich, und ich vermute, daß dies auch auf eine Frau zutrifft, die außer dem Staat niemanden hat, der sie ernährt. Die junge Frau war ja nicht aus Gesundheitsgründen arbeitsunfähig oder mußte sich um kleine Kinder kümmern. Sie wollte einfach nicht arbeiten - es sei denn, sie bekäme eine Stelle, die ihr zusagte. Lassen sie uns nie sagen: »Gott hat mir nichts zu tun gegeben.« Denn das stimmt nicht. Die Arbeit liegt vor unserer Nase. Wir sollen sie tun, und dann wird Gott uns etwas anderes zeigen.

Wir wünschen aber, daß... ihr nicht träge werdet, sondern Nachfolger derer, die durch Glauben und Geduld die Verheißungen ererben« (Hebr 6,11f).

Als ich in die sechste Klasse ging, durften wir unser dichterisches Können unter Beweis stellen. Ein Gedicht werde ich nie vergessen:

Fängst du eine Arbeit an,
hör nicht auf, bis sie getan.
Ob sie groß ist oder klein,
tu sie gut, sonst laß sie sein!

Wir werden unseren Lauf mit Freude vollenden, wenn wir uns an unsere Platzanweisung halten. Wir können dann mit Jesus sagen: »Ich habe das Werk vollendet, das du mir zu tun gegeben hast.«

Disziplin der Gefühle

D amit habe ich große Probleme«, sagte der Student. »Ich meine, ich weiß einfach nicht, wie ich das auf angenehme Weise verwirklichen kann.«

»Auf angenehme Weise« fragte der Bibelschullehrer erstaunt. »Was hat das mit dem Willen Gottes zu tun?«

Die Ausdrucksweise ist vielleicht neu (für uns ist es heute wichtig, alles auf angenehme Weise zu tun), der Widerstand allerdings nicht. Jesus macht das in seinem Gleichnis von dem Mann, der ein großes Abendessen gab, deutlich. Aber auf die Einladung hin erhielt er nur Entschuldigungen: »Ich habe einen Acker gekauft.« »Ich habe ein neues Ochsengespann gekauft. « »Ich habe geheiratet«. (Lk 14,18f.). Da sie den Besuch nicht auf angenehme Weise verwirklichen konnten, lehnten sie die Einladung ab.

Gefühle müssen wie Gedanken gefangengenommen werden. Niemand, dem es in erster Linie darauf ankommt, daß er sich wohl fühlt, kann ein Jünger sein. Wir sind dazu aufgerufen, ein Kreuz zu tragen und Gott zu verherrlichen. P. T. Forsyth stellt fest, daß die Schwäche der volkstümlichen Religiosität darin besteht, einen der Hauptgrundsätze unseres Glaubens umzudrehen, so daß er lautet: »Bestimmung ist es, den Menschen zu verherrlichen.« Die Menschen lassen sich heute eher durch Suggestion als durch Autorität lenken. Vor Jahren schrieben sieben Männer aus Oxford ein Buch, das allen Christen erlauben sollte, zu glauben, was sie wollten. Ronald Knox bemerkte dazu: »Sie machten aus dem ›Ich glaube‹ ein ›man fühlt«.

»Die Geschichte Daniels lehrt uns, wie ein von Gott gelenkter Wille über die natürlichen Gefühle siegen kann. Daniel hatte Visionen, Einsicht und Prophetie, aber seine Erkenntnis kam ihm teuer zu stehen. Er wurde gedemütigt. Diese Entwicklung begann, wie wir bereits gesehen haben, mit seinem Vorsatz, sich nicht mit der heidnischen Nahrung des Königs zu verunreinigen. Ein Vorsatz ist nicht das gleiche wie eine Laune. Er ist nicht von Umständen abhängig, die auf die Psyche einwirken. Er fragt nicht danach, ob etwas angenehm ist. Er ist eine Willensentscheidung, die ohne Rücksicht auf Gefühle getroffen wird.

Weil Daniel seine Pflichten so gut erfüllte, wurde er zur Zielscheibe von Neid und Haß. Seine Gegner ersannen einen Plan, um ihn zu Tode zu bringen. Wir können die Gefühle Daniels erahnen, als er ihren Haß spürte, den möglichen Folgen ins Auge sah und in dieser Situation, in der es um Leben oder Tod für ihn ging, beschloß, die Gebete zu seinem Gott fortzusetzen (»warte nicht auf gute Gefühle, bevor du eine tugendhafte Tat vollbringst, denn Vernunft und Verstehen reichen dazu aus,« schrieb Johannes vom Kreuz). Was dachte er, als er verhaftet vor den König gebracht und verurteilt wurde? Was empfand er in dieser Nacht mit den Löwen? War er erleichtert, als er am nächsten Morgen die angstvolle Stimme des Königs hörte, der zitternd zur Grube gerannt war und nun rief: »Daniel, du Knecht des lebenden Gottes, hat dich dein Gott, dem du ohne Unterlaß dienst, auch erretten können vor den Löwen?« (Dan 6,21). »Er war völlig unverletzt geblieben, weil er seinem Gott vertraut hatte « (Dan 6,24; Gute Nachricht)

Daniel bezahlte einen hohen Preis für die göttlichen Offenbarungen, die er erhielt. Er erlebte kein emotionales Hoch. Er schrieb sogar, daß sein Geist durch die Vision »entsetzt und . . . erschreckt« war; »Ich, Daniel, wurde sehr beunruhigt in meinen Gedanken, und jede Farbe war aus meinem Antlitz gewichen«, »er hätte es gerne verstanden«, »ich erschrak . . . und fiel auf mein Angesicht« »er war erschöpft und lag für einige Tage krank. « Aber »danach stand ich auf und verrichtete meinen Dienst beim König« (Dan 7,15,28; 8,15. 17. 27).

George MacDonald schrieb: »Verwirrte Seele, du mußt nicht unbedingt fühlen, aber du mußt auf jeden Fall aufstehen.«

Daniels Bericht geht weiter. Eine Prophezeiung über die Könige von Persien wurde ihm gegeben:

Ich blieb allein und sah dies große Gesicht. Es blieb aber keine Kraft in mir; jede Farbe wich aus meinem Antlitz, und ich hatte keine Kraft mehr. Und ich hörte seine Rede... und sank ohnmächtig auf die Erde. Und siehe, eine Hand rührte mich an und half mir auf die Knie und auf die Hände, und er sprach zu mir: Daniel, du von Gott Geliebter, merk auf die Worte, die ich mit dir rede, und richte dich auf; denn ich bin jetzt zu dir gesandt. Und als er dies mit mir redete, richtete ich mich zitternd auf... Und als er das alles mit mir redete, neigte ich mein Angesicht zur Erde und schwieg still (Dan 10, 8-11.15).

Er wollte sprechen, hatte aber keine Kraft, bekam keine Luft mehr.

»Hab keine Angst, du sehr Geliebter, alles wird gut mit dir werden. Sei stark, sei stark«, waren die Worte des Engels.

Gibt es in der Bibel ein lebhafteres und eindrücklicheres Bild eines Mannes, der ganz Mensch war, voller Leidenschaften und Ängste, ein Mann mit tiefen und angstvollen Gefühlen, der trotzdem treu zu seinem Gott hielt und ihn gegen seine natürlichen Impulse durch sein Tun verherrlichte? Nur Christus selbst, der vollkommene Diener, überragt das Bild Daniels. In Daniels Geschichte wird klar, daß Erkenntnis nicht billig ist und daß Gebetserhörungen oft über einen langen Zeitraum verarbeitet werden müssen und eine unerschütterliche Beständigkeit erfordern. Es lohnt sich, einen Augenblick über die Worte des Engels nachzudenken. Er sagte nicht: »Ich weiß, wie du dich fühlst« oder »du hattest es wirklich schwer, alter Junge«, sondern: »Fürchte dich nicht. Sei stark. « Der Engel erinnerte ihn an zwei Dinge, die auch auf uns zutreffen: er war von Gott sehr geliebt, und alles würde gut werden. Wenn uns das nächste Mal unsere Gefühle zu überwältigen drohen, können wir uns daran erinnern und stark sein.

Meine Freundin Katharina Morgan schrieb mir einmal aus Pasto in Kolumbien:

Wenn man denkt und dabei den Arm des Glaubens als Stütze des Denkens benutzt, entstehen Werke des Glaubens. Ich stimme mit dir überein, daß man Gefühlen nicht vertrauen kann. Auch dem menschlichen Denken kann man nicht vertrauen, aber der Glaube, der unsere Gedanken auf Flügeln himmelwärts trägt, ist produktiv.

Das erfuhr auch Hesekiel, als Gott ihm sagte, daß seine Frau sterben würde und er nicht um sie trauern sollte. Er tat, wie ihm befohlen war. Du und ich haben die gleichen Erfahrungen gemacht. Unsere Gefühle waren zugänglich für die zweifelnde Frage, warum uns unsere Männer genommen worden waren, aber wir hatten die innere Gewißheit, daß wir tun mußten, was uns der Herr befohlen hatte. Meiner Meinung nach war es keine besondere Tugend, daß wir so handelten. Wir hatten unsere Befehle erhalten und mußten uns daran halten und unsere Gefühle wegstecken. Oft hätten mich meine Gefühle dazu verleitet, hier in Pasto das Handtuch zu werfen. Ich »hatte das Gefühl«, daß die Leute dem Evangelium gegenüber verschlossen und schwerhörig waren und daß alle Mühe fruchtlos blieb. Ich »fühlte« alles mögliche, nur nicht den Wunsch, hierzubleiben und zu arbeiten. Und doch muß Gottes Plan erfüllt werden. Das ist eine harte Lektion, die man oft ein ganzes Leben lang lernen muß. Aber man muß die Überzeugung haben, daß Gott gesprochen hat, und dann muß man sich daran machen und den Befehl ausführen.

Ich habe gesehen, wie Katharina das getan hat. Ihr Haus ist ein Zufluchtsort für erstaunlich unterschiedliche Menschen. Sie ist immer damit beschäftigt, Verrückten, Armen und sogar Kriminellen Zuflucht, Hilfe, Nahrung, Pflege, Rat, Aufmerksamkeit, Geld, Kleidung und was sie sonst noch brauchen, zu geben. Die Menschen wissen, daß sie jederzeit zu ihr kommen können. Jeder in Pasto kennt die Señora Catalina. Jeder, der nicht weiß, an wen er sich wenden soll, wendet sich an sie.

»Mission« – zumindest »christliche Mission« – hat sich noch nie auf die Bemühung beschränkt, jemanden zum wahren Glauben zu bekehren, sondern meint auch die geistliche Haltung des Missionars: seine aktive Nächstenliebe und seine Hingabe an den »Gegenstand« seiner missionarischen Aufgabe. Seit dem Dienst des Paulus bis heute hat Mission im eigentlichen Sinne nie stattgefunden, wenn sich der Missionar nicht mit den Menschen, zu denen er gesandt war, identifizierte, und er dabei persönliche Bindungen und Werte aufgab.

Ich bin sicher, daß Katharina Morgan ihre Privatsphäre und Ruhe genauso schätzt wie ich. Trotzdem hat sie beides und vieles andere fröhlich aufgegeben. Ich sage fröhlich, weil sie es nie als ein Opfer bezeichnet, nie eine Heldentat daraus macht, es ganz selbstverständlich tut, Tag für Tag, Jahr für Jahr. Sie kümmert sich nicht um ihre Gefühle in dieser Angelegenheit.

Menschen, die in einem Dienst für Gott stehen, bleiben trotzdem Menschen mit ganz realen Gefühlen. Als die Mauer Jerusalems wieder aufgebaut wurde, beschwerte sich das einfache Volk über die Methoden ihrer Mitjuden, Geld für Nahrung und Steuern einzutreiben. »Als ich aber ihre Klage und diese Worte hörte, wurde ich sehr zornig«, sagte Nehemia. »Ich überlegte mir die Sache; dann stellte ich die Vornehmen und Ratsherren zur Rede... Darauf sagte ich: Was ihr tut, ist nicht recht« (Neh 5,6.7. 9; Einheitsübersetzung). Nehemia ließ also seinen Gefühlen nicht einfach freien Lauf, sondern überlegte sich die Sache in Ruhe. Das hieß aber nicht, daß er lächelnd durch die Gegend lief und sagte: »Alles ist in Ordnung. Ihr macht das schon richtig«.

Die Juden hatten tatsächlich falsch gehandelt, als sie Menschen als Pfand für Schulden genommen hatten, und Nehemias Ärger war berechtigt. Aber sein Zorn würde die Situation nicht verbessern. Er mußte ihn erst abkühlen lassen, bevor er vernünftig mit den Vornehmen und Ratsherren reden konnte. Nehemia erkannte ganz klar, worum es ging, und erklärte das Vorgehen der Juden trotz aller Argumente, die vielleicht dafür sprachen, für falsch.

Der moderne Mensch steht immer in der Gefahr, Gefühle mit Tatsachen zu verwechseln. Wenn etwas mit guten Gefühlen verbunden ist, muß es wohl richtig sein! Denn was gut ist, so wird allgemein angenommen, sollte uns auch ein gutes Gefühl geben. »Wenn etwas der Wille Gottes für uns ist, werden wir schon ein gutes Gefühl bei der Sache haben«, ist jedoch nicht immer der Fall. Jona war gar nicht wohl bei dem Gedanken, nach Ninive zu gehen. Er zog Jafo vor - zu seinem eigenen Leidwesen und dem seiner Schiffskameraden.

Der Apostel Paulus, der uns beeindruckt, weil er so gut seine Gefühle unter Kontrolle hatte, mußte die Menge sogar einmal daran erinnern, daß er immer noch Gefühle hatte. In Lystra hatte er einem Lahmen befohlen aufzustehen, und der Mann hatte es getan. Dieser Vorfall rief im Volk die Überzeugung hervor, daß die Götter in menschlicher Gestalt zu ihnen herabgekommen wären. Sie nannten Paulus Merkur (Hermes) und Barnabas Jupiter (Zeus) und wollten ihnen ein Opfer bringen. »Ihr Männer, was macht ihr da?« rief der Apostel. Wir sind auch sterbliche Menschen wie ihr (Menschen mit gleichen Leidenschaften)« (Apg 14,15).

Auch Elia war ein Mann mit Gefühlen, genau wie wir. Als er aber ernstlich betete, daß es nicht regnen sollte, «da fiel dreieinhalb Jahre kein Tropfen auf das Land« (Jak 5,17). Nirgends in der Bibel wird angedeutet, daß die wahren Heiligen Menschen ohne Gefühle seien. Im Gegenteil! Jesus war ganz Mensch und allen menschlichen Versuchungen völlig ausgesetzt. Er zeigte tiefe und zärtliche Gefühle (indem er kleine Kinder auf den Arm nahm, um Jerusalem und um seinen Freund Lazarus weinte), mächtigen Zorn (als er die Tische der Wechsler umwarf und sie mit einer Peitsche aus dem Tempel trieb) und bevor sein körperliches Leiden am Kreuz anfing, litt er Seelenqualen; beim Abendmahl und auch später im Garten Gethsemane. Und trotzdem ging er seinen Weg. Er hatte sein Gesicht »hart gemacht wie einen Kieselstein« (Jes 50,7), in dem festen Entschluß, den Willen seines Vaters zu tun, und keine Gefühle, so überwältigend sie auch gewesen sein müssen, konnten ihn davon abhalten.

Thomas Merton schrieb, daß wir in Jesus »die höchste Harmonie zwischen wohlgeordneten menschlichen Gefühlen und den Anforderungen göttlicher Natur und Persönlichkeit« sehen.

Sollten wir bloße Opfer unserer Gefühle sein wie ein haltlos treibendes Boot ohne Segel, Ruder und Anker? Sind wir ihnen wirklich auf Gedeih und Verderb ausgeliefert? Wenn wir ein gutes Gefühl bei einer Sache haben, tun wir sie und wenn nicht, tun wir sie nicht, solltle so ein Jünger leben? Ist das Disziplin?

Der Brief des Judas spricht von Menschen, die sich von ihren Gefühlen treiben lassen. Judas ermutigt die wahren Christen, das, was diese Menschen, die sich heimlich in die Gemeinde eingeschlichen haben, repräsentieren, ernsthaft zu bekämpfen: »Sie deuten die Botschaft von der Gnade Gottes als Freibrief für ein zügelloses Leben und verraten damit Jesus Christus, der allein unser Herrscher und Gebieter ist« (Jud 4; Gute Nachricht).

Der Brief malt ein Bild von Menschen, die nur nach ihrer Lust und Laune leben, die Autorität verachten und die bereit sind, alles zu verspotten, was nicht »natürlich« ist. Sie lassen sich vom Instinkt leiten wie unverständige Tiere. Sie sind »Wolken ohne Wasser, vom Wind umhergetrieben, kahle unfruchtbare Bäume, zweimal abgestorben und entwurzelt, wilde Wellen des Meeres, die ihre eigene Schande ausschäumen, umherirrende Sterne« (Jud 12-13). Sie versuchen stets, ihr Leben nach ihren eigenen Begierden zu gestalten. Sie lassen sich vom Gefühl und nicht vom Geist Gottes leiten.

Das führt uns zum fundamentalen Gegensatz der beiden Reiche: in dem einen wird mein Wille getan und in dem anderen Gottes Wille. In dem einen herrscht Dunkelheit und in dem anderen Licht. Und es führt uns zu einer Entscheidung. Wenn ich darauf bestehe, mein Leben nach meinem eigenen Gusto einzurichten, so daß ich mich stets wohlfühle, leugne ich damit den Herrn. Dann erkenne ich den einzigen Meister, den Herrn Jesus Christus, nicht als meinen Herrn an.

Paulus spricht von einer fleischlichen Gesinnung. Sie umschließt alles, was *gegen* Gott ist: »Denn fleischlich gesinnt sein ist Feindschaft gegen Gott« (Röm 8,7). »Denn, das Fleisch begehrt auf gegen den Geist...« (Gal 5,17). Das »Fleisch« wird charakterisiert durch Dinge wie »Unzucht, Unreinheit, Ausschweifung, Götzendienst, Zauberei, Feindschaft, Hader, Eifersucht, Zorn, Zank, Zwietracht, Spaltungen...« (Gal 5,19). Vielleicht machen wir die selbstgerechte Behauptung, die ersten drei Sünden hätten wir ganz bestimmt nicht begangen, bis wir uns an Jesu Worte erinnern, daß jeder, der auch »nur einen begehrenden Blick auf jemanden wirft«, bereits Ehebruch im Herzen begangen hat. Vielleicht streichen wir auch die nächsten beiden Sünden von unserer Liste, bis uns das Wort Samuels einfällt: »Denn Ungehorsam ist Sünde wie Zauberei, und Widerstreben ist wie Abgötterei und Götzendienst« (1. Sam 15,23).

Die meisten von uns werden bereitwillig zugeben, daß sie die restlichen aufgezählten Sünden begangen haben. Gefühle spielen bei allen von ihnen eine große Rolle. »Denn auch wir waren... mancherlei Begierden und Gelüsten dienstbar« (Tit 3,3). So beschreibt Paulus unsere frühere Lebensweise.

Was sollen wir tun? Sollen wir die gängige Vorstellung übernehmen, daß man seinen Gefühlen freien Lauf lassen muß, weil man sonst nicht »ehrlich« ist?

Wie viele Scheidungen lassen sich auf dieser Grundlage »rechtfertigen«? Wie viele häßliche Bemerkungen?

Wie mit allen anderen Fragen wollen wir uns auch damit an die Bibel wenden. Sie ist die einzige Richtschnur, die für uns gilt. Wenn die Bibel zu unserem Thema etwas sagt, müssen wir es hören und danach handeln.

> »So sind wir nun, liebe Brüder, nicht dem Fleisch schuldig, daß wir nach dem Fleisch leben. Denn wenn ihr nach dem Fleisch lebt, so werdet ihr sterben müssen... « (Röm 8,12f.).

Die Welt sagt: »Bleib dir selbst treu und laß deinen Gefühlen freien Lauf!«

Die Bibel sagt: »Leb nach deinen Gefühlen und stirb!«

Die Welt sagt: »Verleugne deine Gefühle, und du stirbst!«

Die Bibel sagt: »Leben werdet ihr nur, wenn ihr den Geist Gottes in euch wirken laßt, damit er euren selbstsüchtigen Willen tötet.« Röm 8,13; Gute Nachricht).

»Euer Herz erschrecke nicht«, sagte Jesus zu seinen Jüngern, kurz bevor er sie verließ (Joh 14,1). Es wäre nur ganz natürlich, über seinen Abschied zu Tode betrübt zu sein. »Doch eure Traurigkeit soll in Freude verwandelt werden«, sagte Jesus. Und Paulus schrieb aus dem Gefängnis, wo er in Ketten lag: »Freut euch in dem Herrn!« (Phil 3,1).

»Wer anderen Gutes tut, soll es mit Freuden tun« (Röm 12,8 Gute Nachricht).

Von Hiskia, der im Alter von 25 König von Juda wurde, wird gesagt, daß er Gott *vertraute* (2. Kön. 18,5). Das klingt wie eine ganz bewußte Handlung. Das führte dazu, daß es unter den Königen Judas keinen König wie ihn gab: »Er hing dem Herrn an, er wich nicht davon ab, ihm nachzufolgen. Und er bewahrte seine Gebote... Und der Herr war mit ihm; in allem, wozu er auszog, hatte er Erfolg.« (2. Kön. 18, 6-7; Elberfelder)

Wenn ihm ein Reporter ein Mikrofon unter die Nase gehalten und ihn gefragt hätte, wie er sich in seiner Rolle als König fühle, hätte Hiskia wahrscheinlich nicht sofort eine Antwort gehabt. Er beschäftigte sich mit ganz anderen Dingen als seinen Gefühlen.

Wodurch wird ein Leben im Geist charakterisiert? »Durch Liebe, Freude, Friede, Geduld, Freundlichkeit, Güte, Treue, Demut und Selbstbeherrschung« (Gal 5,22; Gute Nachricht).

Es fällt auf, daß *Selbst*beherrschung als eine Frucht des Geistes erwähnt wird. Das ist wieder ein Hinweis auf die Verantwortung des Menschen, mit Gott zusammen an seinem Werk zu arbeiten. Nicht alles wird »durch den Geist« beherrscht. Selbstbeherrschung ist ein wesentlicher Faktor. Wer die Herrschaft des Geistes in seinem Leben akzeptiert hat, wird auch geistliche Disziplin annehmen. Indem er die Disziplin seines Meisters annimmt, wird er sich bereitwillig selbst »disziplinieren«, selbst beherrschen. Das ist ein Zeichen geistlicher wie auch emotionaler Reife. Für Eltern und Kinder ist der Erziehungsprozeß nicht leicht, weil Strafe manchmal notwendig dazugehört. Es ist deshalb für die Eltern eine große Freude und Erleichterung, wenn das Kind schließlich selber Verantwortung übernimmt und sich selbst um Disziplin bemüht. Damit beginnt es, reif zu werden. Unser Vater im Himmel freut sich, wenn wir als Kinder lernen, uns selbst zu beherrschen und damit »Zaum und Zügel« nicht mehr brauchen.

Der Wille muß sich der Gefühle annehmen. Er muß sie besiegen, aber das ist nur möglich, wenn er selbst Christus untergeordnet ist.

Eine junge Frau kam einmal auf mich zu, nachdem ich einen Vortrag über die Beherrschung der Gefühle gehalten hatte. Sie war verwirrt.

»Frau Elliot, Sie scheinen es wirklich gepackt zu haben. Ich meine, sie sind stark und so, verstehen sie? Aber manchmal müssen Sie doch auch mit tiefen Gefühlen zu kämpfen gehabt haben, oder? Was ich nicht verstehen kann, ist, wie Sie die losgeworden sind.«

O weh! Hatte ich denn nicht richtig erklärt, daß es nicht darum geht, die Gefühle *loszuwerden?* Glaubte sie etwa, ich hätte irgendeine geistliche Ebene erreicht, auf der nur noch Verstand und Geist existierten und die Gefühle abgeschafft waren? Also erklärte ich noch einmal: Solange wir in diesem todverfallenen Leibe leben, werden wir gegen die »fleischliche Natur« ankämpfen, gegen das, was sich ständig im Aufruhr gegen Gott befindet. Das »Böse, das ich nicht will«, ist immer noch da. Gefühle sind stark, sowohl die guten als auch die schlechten. Manchmal sind sie eine Hilfe und manchmal ein Hindernis. Unser Thema ist *Disziplin.* Wenn wir einem Rennpferd oder einem Kind Disziplin beibringen, geht es ja auch nicht darum, das Kind oder das Pferd loszuwerden, sondern darum, es im Zaum zu halten.

Entscheidungen werden immer notwendig und – das wollen wir nicht vergessen – *möglich* sein. Es ist ein tödlicher Irrtum zu glauben, daß man sehr starken Gefühlen gegenüber machtlos ist.

Es war der Wille Jesu, der im Garten Gethsemane und dann am Kreuz siegte. Die fast übermächtigen Gefühle, mit denen er als Mensch zu kämpfen hatte, zeigten sich in seinem Schweiß, der wie Blut auf die Erde tropfte, und in dem Ausruf: »Ist's möglich, so gehe dieser Kelch an mir vorüber« (Mt 26,39), in seinem Durst, den er am Kreuz hatte und schließlich in dem lauten Schrei, bevor er starb. Die Stärke seines Willens bewies sich in seinem Willen gegen sich selbst, d.h., in seinem Gebet: »doch nicht mein, sondern dein Wille geschehe« (Lk 22,42). Zwischen seiner natürlichen, menschlichen Reaktion auf das, was mit ihm geschah, und seinem absoluten Wunsch, den Willen seines Vaters zu tun, tobte ein mächtiger Kampf. Er war eigens deshalb auf die Erde gekommen, um diesen Willen zu tun. Dieser Wille war klar und einfach. Ihn auszuführen war jedoch alles andere als einfach. Es ging nicht »auf angenehme Weise«. Aber er tat es trotzdem. Darauf kommt es an. Er tat es. Er »ist um unsrer Sünde willen dahingegeben... « (Röm 4,25).

Es ist eine große Versuchung, besonders geistliche Erfahrungen als einen Prüfstein für die Heiligung anzusehen. Wenn sich jemand durch den Geist mitreißen läßt oder bestimmte ungewöhnliche »Geistesgaben« demonstriert oder durch eine plötzliche Verzükkung im Gebet oder ein bestimmtes Erfolgserlebnis mit Gott »hin und weg« ist, dann wird das allzu oft als Beweis gewertet, daß man endlich auf der richtigen Wellenlänge ist.

Hannah Whitall Smith schreibt in ihrem Buch *Religiöser Fanatismus:* »Wenn sich ein Mensch mit seinem Willen ruhig und beständig am Willen Gottes festhält und im Frieden in seiner Liebe und Fürsorge ruht, dann ist das von unendlich größerem Wert für das geistliche Leben als die intensivsten Gefühle und wunderbarsten Erlebnisse, die die größten Mystiker aller Zeiten je erfahren haben.«

Wer auf solche Zeichen besteht, verursacht unweigerlich Spaltungen und zieht die Aufmerksamkeit auf sich selbst anstatt auf Christus. Christus soll erhöht werden, nicht unsere Gefühle. Unsere Liebe zeigt sich in unserem Gehorsam und nicht in den schönen Gefühlen, die wir manchmal für Gott empfinden.

»Und das ist die Liebe, daß wir leben nach seinen Geboten...« (2. Joh. 6). »Liebst du mich?« fragte Jesus Petrus. »Weide meine Lämmer. « Er fragte nicht: »Welche Gefühle hast du mir gegenüber?«, denn Liebe ist kein Gefühl. Jesus wollte Taten sehen.

Wir werden Tag für Tag vor die Entscheidung gestellt, das Gute zu tun und das Böse zu lassen. Gefühle werden uns dabei in der Regel nicht viel helfen. Obwohl Impulse nicht immer schlecht sind, müssen wir oft zwischen Grundsatz und Impuls unterscheiden. Was ich tun sollte und wonach mir gerade der Sinn steht, ist selten das Gleiche. »Denn das Gute, das ich will, das tue ich nicht; sondern das Böse, das ich nicht will, das tue ich« (Röm 7,19). Das ist eine entwaffnend zutreffende Beschreibung der Erfahrung, die jeder Christ macht. Paulus war darüber nicht glücklich, aber er war ehrlich - ehrlich genug, um es zu Papier zu bringen. Solange wir in der Mühsal des Irdischen verhaftet sind, werden wir versagen, werden wir uns falsch entscheiden. Das Gebot jedoch bleibt bestehen: »Seid heilig.« Wir wollen ehrlich sein und uns Gefühle eingestehen, aber auch ehrlich genug, sie abzulehnen, wenn sie falsch sind.

> Darum faßt das Ziel entschlossen ins Auge und laßt euch den Blick nicht vernebeln. Setzt eure Hoffnung ganz auf das Geschenk, das euch zuteil wird, wenn Jesus Christus sich uns in seiner Herrlichkeit zeigen wird. Laßt als gehorsame Kinder Gottes euer Leben nicht weiter von eigensüchtigen Wünschen bestimmen wie damals, als ihr die Wahrheit noch nicht gekannt habt. Führt euer ganzes Leben als heilige Menschen; denn Gott, der euch berufen hat, ist heilig (1. Petr 1,13ff; Hoffnung für alle).

Im gleichen Brief spricht Petrus sehr direkt die Dinge an, die wir tun sollen, wenn wir selbstbeherrscht und heilig sein wollen:

Enthaltet euch von fleischlichen Begierden, die gegen die Seele streiten ... Seid untertan aller menschlichen Ordnung um des Herrn willen ... Vergeltet nicht Böses mit Bösem oder Scheltwort mit Scheltwort (dazu muß ich unter dem Gehorsam Christi stehen). Seid allesamt gleichgesinnt, mitleidig, brüderlich, barmherzig, demütig (auch wenn ich mich nicht danach fühle?). (1. Petr. 2,11.13; 3,8-9)

Vor kurzem erzählte mir eine junge Frau auf einer Freizeit ihre Geschichte – wie sie den Herrn angenommen und dann gegen ihn rebelliert hatte, wie sie sich weit von ihm entfernt hatte und wieder zurückgebracht wurde, wie sie wieder rebelliert und der Herr ihr dann in Gnade und Barmherzigkeit vergeben und ihr einen christlichen Ehemann und großes Glück geschenkt hatte. Er war Autobahnpolizist und wurde, als er einen Unfall aufnahm, von einem vorbeifahrenden Wagen erfaßt und lebensgefährlich verletzt. Iris lag zu dieser Zeit selbst im Bett wegen einer möglichen Fehlgeburt. Drei Tage später starb er. Am gleichen Nachmittag starb ihr Vater, und sechs Tage später verlor sie ihr Baby. Sie erzählte ihre Geschichte ruhig, ohne Tränen, obwohl fast alle Zuhörer weinten. Sie schloß mit der Feststellung, daß sie am Totenbett ihres Mannes das fand, was sie so lange gesucht hatte – die wohltuende Gegenwart Christi.

In einem Brief an mich schrieb sie:

Ungefähr eine Woche nach der Freizeit klingelte das Telefon. Es war die Frau des Mannes, der meinen Mann angefahren hatte. Sie sagte, sie mußte mich einfach anrufen, weil ihre Schwägerin sie gerade angerufen hatte, die in einer Bibelstunde etwas von dem nacherzählt bekommen hätte, was ich an jenem Morgen auf der Freizeit gesagt hatte. Sie flehte mich förmlich an, daß ich doch irgendwie, wenn es jemals möglich wäre, ihrem Mann das mitteilen sollte, was ich auf der Freizeit gesagt hätte, denn er sei so voller Schuldgefühle und unfähig, sich selbst zu vergeben. Als ich auflegte, zitterte ich und lief ins Schlafzimmer, fiel neben mein Bett und weinte mein Herz aus, da ich ahnte, daß so etwas nur Gott in mir vollbringen konnte – denn es ging weit über meine Kraft hinaus. Den Schmerz festzuhalten und die Quelle des Schmerzes zu verachten ist weitaus leichter, weil es natürlicher ist. Eine Freundin sagte mir jedoch, daß meine Vergebung und der Ausdruck dieser Vergebung durch einen Brief oder einen Besuch bei diesem Mann sehr wahrscheinlich der einzige Schlüssel war, um ihn aus seinem Gefängnis zu befreien... Und ebenso könnte dieser Punkt, den ich bisher außer acht gelassen habe, meine innere Heilung vollkommen machen. Meine Freundin machte mir klar, daß ich als Kind Gottes keine andere Wahl hatte. Die nagende Frage »Warum, Gott, muß gerade *ich* so viel vergeben?« braucht nicht beantwortet werden... Danken wir Gott für seine erstaunliche Gnade, die uns dahin führt, wo wir nie hinzugehen gewagt hätten.

Zum Schluß noch ein Rat zur Vorsicht:

Halten Sie Gefühle nicht an sich für etwas Schlechtes. Sie sind uns als Teil unseres Menschseins gegeben. Versuchen Sie nicht, sich *gegen* Gefühle zu schützen. Stehen Sie dazu, daß Sie vorhanden sind, benennen Sie sie, falls das hilft, und bringen Sie sie offen vor den Herrn, damit er ihnen hilft, sie zu beherrschen. Disziplin der Gefühle bedeutet, daß sie nicht mehr bestimmen, wie wir auf bestimmte Situationen reagieren.

Kein noch so gutes Argument für Disziplin verleiht auch die Kraft dazu. Er, der uns ruft, ist der, der uns die Kraft gibt. Er ist der Meister. Wenn wir uns unter seine Herrschaft stellen, gibt er uns die Kraft zu herrschen.

Franz von Sales drückte es so aus: »Wir sind zwar nicht Meister unserer Gefühle, aber durch Gottes Gnade sind wir Meister unseres Einverständnisses.«

Probieren Sie es aus. Wenn wir angesichts einer mächtigen Versuchung zum Bösen kurzentschlossen und kompromißlos sagen: *»Ich werde es nicht tun«,* dann löst sich plötzlich die Bindung an das alte Ich, und ein Ja zu Gott ist die Folge, das unser Leben mit Sonnenschein, Gesang und jubelndem Glockenklang erfüllt.

Tausch: mein Leben gegen seines

Zur Zeit erlebe ich mit viel Freude mit, wie ein kleiner vier-jähriger Junge und seine zweijährige Schwester heranwachsen und jeden Tag etwas dazulernen. Ihr Zuhause ist von der Liebe geprägt, was bedeutet, daß es Sonnenschein und manchmal Regenwetter gibt. Es wird viel gespielt, gelacht, geschmust und geschaukelt. Geschichten werden vorgelesen, Popcorn wird gemeinsam hergestellt, Lieder werden gesungen. Aber manchmal gibt es auch einen Klaps. Wenn Mutter und Vater ihre Kinder lieben, können sie ihnen nicht immer ihren Willen lassen. Sie wünschen ihren Kindern ein Leben voller Freiheit und Freude, die kein gefallener Mensch ohne Anweisung, Vorbild und Korrektur finden kann (»Wohl denen, die sich an seine Mahnungen halten, die ihn von ganzem Herzen suchen« (Ps 119,2). Wenn sich die Kinder bereitwillig an die Anweisungen der Eltern halten, scheint für alle die Sonne. Weigern sie sich jedoch, kommen Wolken auf. Der kleine Junge und das kleine Mädchen sind sofort dabei, wenn es um eine Geschichte oder um Schokolade geht. Weniger scharf sind sie aufs Spielzeugaufräumen oder Spinatessen. Wenn die Eltern ihnen nur klarmachen könnten, daß sie auch damit letztlich ihr Bestes wollen! Sie lieben sie genug, um zu den meisten Fernsehsendungen nein zu sagen, um ihnen zu verbieten, daß sie so spät aufbleiben wie manche ihrer Freunde, und um gegen den ständigen Verzehr von Pommes Frites Einspruch zu erheben. Sie lieben sie genug, um zu verlangen, daß jedes Kind eine Stunde Ruhe am Nachmittag einhält. Sie lieben sie genug, zuzusehen, wie die Kinder bestimmte Dinge selbst machen, obwohl sie als Eltern stark in der Versuchung stehen, diese Dinge für die Kinder zu übernehmen. Sie lieben ihre Kinder genug, um es zuzulassen, daß sie, wenn ihr Wachstum an Einsicht und Unabhängigkeit es erfordert, sich abmühen, verletzt werden und manchmal auch versagen.

»Sind Disziplin und Strafe das Gleiche?« fragte mich eine junge Frau. Die Vorstellung, daß Gott vielleicht mit uns »abrechnen« wollte, beunruhigte sie. Ich zitierte 1. Korinther 11,32 (Gute Nachricht): »Wenn er uns aber bestraft, dann tut er es zu unserer Warnung, damit wir nicht einst zusammen mit der Welt verurteilt werden«. Wenn Gott seine Kinder »bestraft«, dann ist das nie ein Racheakt, sondern immer eine Korrektur. Wir wissen, daß wir wirklich seine geliebten Kinder sind und uns deshalb eine Erziehung zuteil wird, wie sie alle Kinder durchmachen müssen, denn wir sollen ein hohes Ziel erreichen, nämlich daß wir eines Tages an der Heiligkeit Christi teilhaben und das »Leben erlangen«.

Die Geschichte von Jona demonstriert eindrucksvoll, wie dumm es ist, zu unserem Vater im Himmel nein zu sagen. Jona dachte, er könnte dem Auftrag Gottes entkommen. Anstatt nach Ninive zu gehen, wie befohlen, nahm er ein Schiff nach Tarsis in dem Glauben, »dem Herrn aus den Augen zu kommen« (Jona 1,3). Eine solche Entscheidung führt in der einen oder anderen Form zwangsläufig zu stürmischem Wetter, und bei Jona war es ein buchstäblicher Orkan. Diese Probleme wären ihm durch Gehorsam erspart geblieben: der Sturm, der Alptraum, über Bord geworfen zu werden, die Kiefer des großen Fisches in der Tiefe, das Trauma, verschluckt zu werden und die drei unvorstellbar schrecklichen Tage im Bauch des Tieres zu verbringen. Aber Gott in seiner unergründlichen Liebe folgte ihm sogar in diese Dunkelheit. Es war in der Tat die Liebe Gottes, die sich diese seltsame Form der Rettung für den widerspenstigen Propheten ausgedacht hatte, was der Prophet später im Gebet im Bauch des Fisches auch erkannte.

> . . . Schilf bedeckt mein Haupt. Ich sank hinunter zu der Berge Gründen, der Erde Riegel schlossen sich hinter mir ewiglich. Aber du hast mein Leben aus dem Verderben geführt, Herr, mein Gott! Als meine Seele in mir verzagte, gedachte ich an den Herrn, und mein Gebet kam zu dir in deinen heiligen Tempel (Jona 2,6 ff.).

Dann sprach der Herr zu dem Fisch. Der Fisch erbrach, und Jona wurde gerettet. Er vergeudete keine Zeit, als Gott ihm eine zweite

Chance gab. »Geh nach Ninive.« Jona ging sofort. Jetzt war er sicherlich klüger geworden. Wieviel besser wäre es ihm gegangen, wenn seine erste Antwort die des Psalmisten gewesen wäre: »Deine Mahnungen sind Wunderwerke; darum hält sie meine Seele« (Ps 119,129)!

Das Ziel jedes wahren Jüngers ist es, Gott zu gefallen. Die Bibel ist unsere Richtschnur, die uns zeigt, wie wir das tun können.

Kochen bereitet mir ein großes Vergnügen. Ich koche gerne gutes Essen für gute Esser. Das meiste, was ich in der Küche fabriziere, mache ich ohne Rezept, weil es nicht schwer ist und ich es schon oft gemacht habe. Hin und wieder möchte ich aber etwas Besonderes auf den Tisch bringen, und dann bin ich froh, mich an eine Autorität wenden zu können, die mir sagt, wie es geht. Wenn ich für eine besondere Art von Mohrenköpfen eine *Pâte á choux* brauche, erfinde ich kein Rezept während des Zubereitens, indem ich einfach zwei Tassen Mehl ins kochende Wasser schütte, bevor ich die Butter hineingebe. Am Ende würde kein *Pâte á choux* herauskommen, sondern eine Katastrophe.

Das Ziel einer Köchin – ein vollkommener Nachtisch – kann nicht erreicht werden, wenn sie nicht ihr »Recht« auf ihre eigene Methode aufgibt, statt dessen das Kochbuch studiert und sich genau an die Anweisungen hält.

Warum also diskutieren wir lieber (»das ist zu hart, zu einengend, das entspricht nicht meinem ›Lebensgefühl‹), pochen auf unsere »Rechte« und kämpfen uns alleine durch, anstatt Christus beim Wort zu nehmen? Auf diese Art und Weise ging das Paradies verloren. Wir haben heute noch den gleichen Feind, der mit der gleichen Lüge zu uns kommt (»du wirst nicht sterben, sondern leben«). Und doch schenkt Jesus immer noch denen, die ihm auf seinem Weg folgen, treu das Leben und vollkommene Seligkeit. Zugegeben, sein Weg ist der Weg des Kreuzes, aber nur dieser Weg führt zur Auferstehung.

Er bietet uns einen Tausch an: sein Leben für unseres. Er zeigte uns, was er damit meinte, als er sich selbst hingab. Es ist eine überwältigende Tatsache, daß er dem Vater gehorsam war - die unendliche Majestät ist sogar zur Hölle niedergefahren – macht uns das nicht bereit, uns selbst loszulassen – mit dem ganzen erbärmlichen, berechnenden, feigen, eigensüchtigen und ängstlichen Streben nach dem, was die Welt Glück nennt?

Christus bietet uns Liebe, Annahme, Vergebung, grenzenlose Herrlichkeit, vollkommene Freude. Ist es so schwer, die Gaben, die wir aus seinen mit Wunden gezeichneten Händen empfangen haben, – Leib, Geist, Rang, Zeit, Besitz, Arbeit und Gefühle – wieder zurückzugeben?

Natürlich ist damit die Liste der Dinge, die wir Gott hingeben sollten, nicht vollständig. Wir haben uns hier nur mit einer Auswahl beschäftigt, um das Prinzip der Selbsthingabe zu begreifen:

Wenn wir mit Christus leiden, werden wir auch mit ihm herrschen. Wenn ein Weizenkorn stirbt, bringt es Frucht. Wenn wir unsere Trauer loslassen, gibt Gott uns ein Freudenkleid. Wenn wir ihm unsere Sünden geben, bekommen wir von ihm einen Mantel der Gerechtigkeit. Freude kommt nicht trotz, sondern aufgrund von Leid.

Wenn Disziplin zur fröhlichen Selbsthingabe wird, tragen wir »allezeit das Sterben Jesu an unserm Leibe, damit auch das Leben Jesu an unserm Leibe offenbar werde« (2. Kor 4,10).